KB267635

세일즈,
심리학에서 답을 찾다

세일즈, 심리학에서 답을 찾다

김상범 · 오정환 지음

심리학에서 세일즈의 답을 찾아라

혹시 바둑을 아시는가? 바둑에는 정석이라는 것이 있다. 돌을 놓는 최선의 방법을 정리해 놓은 것이다. 바둑을 처음 배울 때는 정석을 열심히 외우지만, 고수들은 정석대로만 바둑을 두지 않는다. 상황에 맞게 응용할 줄 알아야 진정한 고수다.

상황이 변화무쌍하기로는 운동경기 만한 것이 없을 것이다. 축구, 농구, 배구, 야구 같은 구기 종목만 보아도 그렇다. 경기마다 흐름이 다르다. 하지만 매번 상황이 다르다고 훈련하지 않으면 좋은 경기력을 펼칠 수 없다. 바둑에서 정석을 외우는 것이나 운동선수들이 전술 훈련을 하는 이유는 변화하는 상황에 잘 대처하려는 것이다.

세일즈 현장도 역동적이다. 매번 똑같은 상황이 전개될 수 없다. 만나는 고객이 다르므로 대처 방법도 다를 수밖에 없다. 그러나 수많은 상황도 몇 가지 유형으로 정리할 수는 있다. 마치 바둑의 정석처럼 정리해 놓으면 낯선 상황에서도 당황하지 않고 주도할 수 있다.

스포츠에서 경기를 주도해야 승리할 수 있듯이 영업인은 세일즈 상황을 주도해야 한다. 상황을 주도한다는 말은 고객의 정신을 쏙 빼는 것을 의미하지 않는다. 구매를 미루거나 간단한 거절로 상황을 회피하려는 고객에게 주도적으로 구매를 결정하도록 이끄는 것을 말한다. 그런데 고객이 주도적으로 구매를 결정하도록 하려면 고객의 심리를 알아채는 능력과 코칭이 필요하다.

그래서 1장과 2장은 고객의 심리를 잘 파악하고 이를 효과적으로 활용하는 방법을 다루었다. 여기에는 행동경제학에서 말하는 여러 가지 편향이론, 즉 프레이밍 효과, 앵커링 효과, 가용성 휴리스틱, 확증편향, 매몰비용 오류 같은 것들을 빌려왔다. 용어가 생소하더라도 잘 활용하면 높은 성과를 올리는 데 많은 도움을 줄 것이다.

3장은 고객에게 어떻게 하면 신뢰를 얻을 수 있는지 살펴보았다. 고객의 신뢰를 얻기 위해 고객과 나누는 잡담이 왜 중요한지, 고객의 불만을 잘 들어주는 것이 세일즈에 어떤 영향을 주는지, 선물을 할 때는 어떤 것을 해야 하는지, 비언어적인 신호가 얼마나 중요한지, 고객과 공감대를 넓히려면 어떻게 해야 하는지 등을 배울 수 있을 것이다.

4장에서는 영업인의 자기계발에 대해 다루었다. 고객의 수준은 계속 높아지는데 정작 세일즈맨은 정체되어 있다면 고객을 어떻게 상대할 수 있겠는가. 최근 중요해지고 있는 고갈되는 에너지를 충전하는 방법, 미루는 습관을 이겨내는 방법 등을 소개하고 있다.

5장부터는 코칭에 대해 다루었다. 코칭을 심리학의 범주에 넣은 이유는 상담 등 많은 스킬 부분이 심리학과 닿아 있기 때문이다. 중간 관리자와 영업인, 영업인과 고객 간에는 일정한 심리적 유대관계의 연장선에 있다고 할 수 있다. 코칭을 심리학적 범주에 넣게 되면, 좀 더 강력한 세일즈 스킬과 방법론이 탄생한다.

모든 것이 마찬가지지만, 세일즈도 단순히 이론만 알고만 있어서는 아무 쓸모가 없다. 반드시 성과로 연결해야 한다. "월드컵은 경험하는 자리가 아니다. 월드컵은 증명하는 자리다."라고 말한 이영표 KBS 월드컵 해설위원의 말은 세일즈에도 그대로 적용된다. 고객을 만나 연습을 한다는 것은 좋은 기회를 한 번 잃는 것이다. 연습은 고객을 만나기 전에 하는 것이고, 고객을 만나서는 그동안 연습한 것을 성과로 증명해야 한다. 스포츠에서 승리가 증명이듯, 세일즈에서는 계약이 증명이다.

영업 현장은 점점 치열해지고 있다. 공급이 수요를 앞지른 지 오래고, 간단한 검색만으로 모든 정보를 얻는 시대다. 고객은 제품의 질과 가격 정보를 실시간으로 확인할 수 있을 뿐만 아니라 영업인의 말을 곧이곧대로 믿지도 않는다. 고객들은 똑똑해져 이제 제품 지식만 가지고는 팔 수 없다. 열심히 발품을 판다고 해서 그전처럼 성과가 좋아지는 것도 아니다. 영업인을 지치게 만드는 요소들이 도처에 깔려 있다. 이제 영업인은 고객보다 훨씬 더 영악해져야 한다.

공동저자 김상범 · 오정환

|차례|

들어가는 글 심리학에서 세일즈의 답을 찾아라   4

1장 구매 욕구를 강화하라

01_ 고객은 이성만으로 구매하지 않는다   15

02_ 부정적인 고객은 문제를 짚어줘라   20

03_ 고객의 구매결정 기준을 바꿔라   28

04_ 말의 힘을 이용하라   35

05_ 감성을 자극할 한마디를 찾아라   41

06_ 상품의 장점은 한두 가지면 족하다   48

07_고객의 머릿속에 그림을 그리게 하라   55

2장 고객이 스스로 사게 하라

01_ 체험하게 하라   65

02_ 먼 미래보다 당장의 위기를 강조하라   73

03_ 미끼 상품을 준비하라   79

04_ 이익보다 손해를 강조하라   86

05_ 고객을 틀 안으로 끌어들여라   90

06_ 고객의 생각과 고객의 언어로 말하라   97

07_ 생존과 번식 본능을 활용하라   103

3장 고객의 신뢰를 얻어라

01_ 신뢰를 얻으면 상품 가치도 오른다   111

02_ 에펠탑 효과를 활용하라   117

03_ 함부로 판단하지 마라   123

04_ 잡담을 즐겨라   128

05_ 비언어적 신호가 중요하다   138

06_ 고객을 따라 하며 공감대를 넓혀라   143

07_ 불만을 털어놓게 하라   149

08_ 작은 선물을 자주 하라   157

4장 내 안의 잠재능력을 깨워라

01_ 미루는 습관과 결별하라   165

02_ '행동 계기'를 만들어라   171

03_ 입꼬리를 올려라   176

04_ 낙관주의자가 돼라   181

05_ 충전할 시간을 확보하라   189

5장 피드백을 하라

01_ 피드백은 반드시 필요하다   197

02_ 피드백을 실천하라   200

03_ 성장을 돕는 피드백을 하라   204

04_ 성과와 시기에 맞춰 피드백하라   209

05_ 칭찬으로 피드백하라   216

6장 코칭하라

01_ 코칭과 피드백 그리고 멘토링   223

02_ 대립에 대한 두려움을 극복하라   228

03_ 코칭을 완성하는 4단계   232

04_ 제대로 코칭하라   236

7장 유능한 관리자의 조건

01_ 신뢰부터 쌓아라   245

02_ 올바른 롤모델이 돼라   250

03_ 반드시 계획부터 세워라   254

04_ 적합한 사람을 리크루팅하라   257

05_ 함께 꿈꿀 수 있는 비전을 공유하라   261

05_ 교육으로 승부하라   265

|1장|

구매욕구를 강화하라

01. 고객은 이성만으로 구매하지 않는다 | 02. 부정적인 고객은 문제를 짚어줘라
03. 고객의 구매 결정 기준을 바꿔라 | 04. 말의 힘을 이용하라
05. 감성을 자극할 한마디를 찾아라 | 06. 상품의 장점은 한두 가지면 족하다
07. 고객의 머릿속에 그림을 그리게 하라

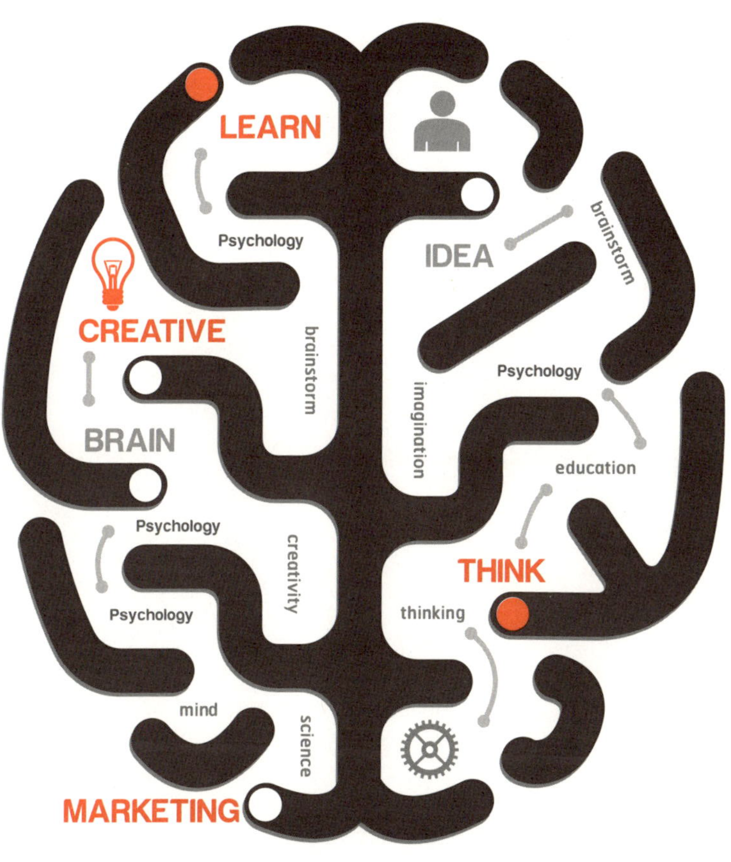

고객은 이성만으로 구매하지 않는다

사람들은 왜 충동적으로 구매할까? 다음 달 신용카드를 결제하려면 힘들 텐데, 오늘 명품 백을 구매하는 이유는 무엇일까? 사람들은 왜 끊임없이 다른 사람과 비교할까? 능력도 안 되면서 고급 승용차를 타는 이유는 무엇일까? 이처럼 인간은 상식적으로는 이해할 수 없는 행동을 너무나 많이 저지른다.

저명한 심리학자인 대니얼 카너먼은 이런 비상식적인 인간 행동에 꽂혔다. 인간의 경제 행위를 심리학적으로 바라본 것이다. 우리가 알고 있는 경제학은 인간의 경제 행위에서 감성을 배제한다. 인간의 모든 행위는 경제적 이득을 얻기 위한 것이므로 논리적이고 합리적이며 이성적인 행위로 본다. 당연히 구매활동도 이성에 기초한 행위라고 생각한다. 경제적인 인간은 필요 없는 물건을 절대 사지 않으며, 필요한 물건을 사더라도 이익과 가격을 심사숙고하여 가장 합리적인 구매활동을 한다고 여긴다.

인간은 정말로 그러할까? 우리는 순간적인 충동으로 물건을 구매한 적이 얼마나 많은가? 딱히 필요하지 않지만, 친구의 권유로 할 수 없이 가입하고 얼마 안 있어 해약한 보험이 얼마나 많았는가? 행동경제학은 이런 경제학의 모순을 따져 묻고 있다. 인간의 경제 활동이 반드시 이성의 지배를 받는 것은 아니라는 것이다.

행동경제학이 태동하는 데는 뇌 연구도 한몫했다. 뇌신경학자들은 우리 머릿속에서 일어나는 생각 체계를 두 종류로 본다. 초기 연구에서 학자들은 좌뇌는 논리적이고 이성적이며, 우뇌는 감각적이고 감성적이라고 주장했다. 지금은 좌뇌와 우뇌로 나누는 이분법적 학설이 많이 후퇴했지만, 우리 머릿속에 두 가지 체계가 존재하는 것만은 확실하다는 것이 학자들의 공통된 생각이다.

대니얼 카너먼은 이것을 시스템 1과 시스템 2라고 명명했으며, 대니얼 골먼은 상향식bottom-up 과정과 하향식top-down 과정으로 표현했다. 학자마다 부르는 이름은 다르지만, 두 가지 시스템이 공존하고 있다는 사실에는 논란의 여지가 없다.

그러나 시스템 1과 시스템 2 혹은 상향식 과정과 하향식 과정이라고 부르면 독자들은 계속 헷갈릴 것이다. 설명을 덧붙이지 않으면 이름만으로는 그 뜻을 제대로 이해하기 어렵다. 그래서 나는 다른 이름을 붙이고자 한다. 직관체계와 숙고체계다. 어떤가? 이렇게 명명하니 따로 설명하지 않아도 무엇을 뜻하는지 금세 알 수 있지 않은가? 직관체계와 숙고체계는 우리 뇌 속에서 끊임없이 일어나는 생각 과정을 일컫는다. 두 체계가 어떻게 다른지 비교해 보자. 대니얼 카너먼이 쓴 『생각에 관한 생각』과 대니얼 골먼이 쓴 『포커스』에서는 이렇게 비교하고 있다.

구분	대니얼 카너먼	대니얼 골먼
직관체계	• 거의 혹은 전혀 힘들이지 않고 자발적인 통제에 대한 감각 없이 자동적으로 빠르게 작동한다.	• 1000분의 1초 단위로 움직이는 두뇌 시간을 기준으로 더욱 빠르다. • 무의식적, 자동적으로 항상 가동 중이다. • 직관적이며, 연합 네트워크로 움직인다. • 충동적이고 감정에 따른다. • 일상적 습관을 수행하고 행동에 지침을 준다. • 세상에 대한 정신적 모델을 제시한다.
숙고체계	• 복잡한 계산을 포함해서 노력이 필요한 정신활동에 관심을 할당한다. 활동 주체, 선택, 집중에 대한 주관적인 경험과 연관되어 작용하는 경우도 잦다.	• 더 느리다. • 의식적이다. • 많은 노력이 필요하다. • 자기통제를 담당하며 자동적인 과정과 감성적인 충동을 억제한다. • 새로운 모델을 학습한다. • 새로운 계획을 세운다. • 자동적인 습관을 관리한다.

직관체계는 생존을 위해 매우 유용한 것이다. 등산을 하다가 뱀을 만나면 우리는 거의 반사적으로 행동한다. 뱀을 앞에 두고 토론하거나 누군가에게 전화해 도움을 요청하지는 않는다. 줄행랑치든지 뱀을 잡든지 순간적인 판단에 따른다. 이런 재빠른 판단과 동작이 생존에 훨씬 유리하기 때문이다.

이런 게 바로 직관이다. 현장에서 고객을 만났을 때 탁월한 영업인이라면 직관적으로 고객을 파악할 것이다. 그래야 그 고객에게 맞는 영업 기술을 신속히 발휘할 수 있기 때문이다. 고객을 파악하는 데 오래 걸리고, 설득 방법을 생각하거나 참고 서적을 뒤적이고, 다른 사람의 조언을 듣는 것처럼 숙고형 시스템으로는 힘들다. 거의 자동적으로 영업 행위를 해야 한다.

그런데 한 번 생각해 보자. 숙고체계를 사용하면 실수와 오류를 줄일 수 있을 텐데, 왜 굳이 직관체계를 사용할까? 인간이 반사적이고 감정적으로 무의식적인 선택을 하는 이유는 앞서 말했듯이 생존에 유리하기 때문이다. 그동안 경험과 학습으로 축적한 지식만으로도 충분히 대처할 수 있는데 다시 고민하고, 조언을 구하고, 토론하는 숙고체계를 사용한다면 얼마나 피곤한 일인가. 바로 여기에 답이 있다. 그동안 경험으로 익힌 지식에 근거해서 사람들은 직관적으로 결정하는 것이다.

또 다른 이유는 에너지 사용과 관련 있다. 뇌의 무게는 보통 1.4킬로그램이라고 한다. 그런데 우리가 사용하는 에너지의 20퍼센트 정도를 사용한다. 만약 결정하는 모든 것에 숙고체계를 사용한다면, 더 많은 에너지를 소비해야만 할 것이다. 인간은 생존에 유리하도록 에너지를 덜 사용하는 방향으로 진화한 것이다.

물론 영업을 할 때 100퍼센트 직관체계만 사용하는 것은 아니다. 때때로 숙고체계가 필요할 때가 있다. '신상품을 어떻게 효과적으로 설명할까?', '고객에게 가장 유리하게 보험을 설계하려면, 어떻게 해야 할까?', '이 제품이 고객에게 어떤 유익을 줄 수 있을까?'와 같은 고민에 답을 얻으려면 당연히 숙고체계가 필요하다.

그럼 고객은 어떨까? 물건을 살 때마다 숙고체계를 사용해야 한다면 얼마나 피곤할까? 때문에 고객은 구매 시 때때로 숙고체계도 사용하지만, 훨씬 더 많은 경우에 직관체계를 사용한다. 상품의 장점을 살펴보기도 전에 영업인이 마음에 들지 않으면 구매하지 않는 것이 대표적인 예다.

내가 아는 분 중에 초등학교에 근무하는 교사가 있다. 그런데 건강기능식품 영업인이 와서 어깨도 주물러 주고, 감기에 좋은 차도 직접 만들어 가져다주고, 시댁에서 채소를 보내왔다며 가져오곤 해서 별로 필요하지도 않은 물건을 덜컥 구입했다고 한다. 이처럼 고전 경제학으로는 설명할 수 없는 인간의 구매 활동을 행동경제학으로는 설명이 가능하다.

이제 행동경제학에서 말하는 인간의 직관체계를 어떻게 세일즈에 활용할 수 있는지 하나하나 살펴보자. 고객을 자주 찾아가는 것이 왜 필요한지, 고객의 호감을 얻는 데 비언어적인 요소가 왜 중요한지, 상품의 장점을 주저리주저리 늘어놓으면 왜 안 되는지, 미끼 상품이 매출을 올리는 데 어떤 역할을 하는지, 선물을 줄 때는 어떤 방식으로 하는 게 효과적인지에 대해 살펴보자.

부정적인 고객은 문제를 짚어줘라

애초부터 부정적인 고객이 있다. 영업 현장에서는 영업인만 보면 슬금슬금 피하는 사람을 얼마든지 볼 수 있다. 이들은 무슨 말을 해도 들으려 하지 않는다. 그렇다고 그냥 물러날 것인가. 그러면 아무것도 할 수 없다. 이들에게 내 말 좀 들어달라고 상품 설명을 길게 늘어놓을 것인가. 부정적인 고객은 이런 기회조차 주지 않는다. 상품 설명을 한다 해도 이들은 꼬투리만 잡는다.

그렇다고 이들에게 주도권을 뺏긴다면 당신은 지는 것이다. 그날 하루 영업을 망치는 것은 물론이고, 아예 영업에서 발을 떼야 할지도 모른다. 영업인은 거절에 대한 두려움이 있지만, 고객들은 구매에 대한 두려움이 있기 때문이다. 당신도 영업인에게 홀려 덜컥 구매했다가 후회한 적이 있지 않은가?

부정적인 고객은 그런 실수를 다시는 저지르지 않겠다고 자기방어를 하는 것이다. 즉, 고객은 직관체계를 가동하는 중이다. 고객이 눈길도 주지 않고 쌀쌀맞게 대하고 툴툴거린다고 해서 상처받지 말라. 이들의 불친절은 영업인을 대상으로 한 것이 아니다. 스스로를 방어하는 것이다. 영업인은 이들의 방어를 뚫고 들어가기만 하면 된다. 이런 고객일수록 마음의 문을 열기만 하면 충성고객이 될 가능성이 크다.

부정적인 고객에게 접근할 때, 제품의 성능은 큰 의미가 없다. 실력 없는 영업인일수록 자꾸만 자신이 취급하는 상품의 장점·효능·효과·이점에 대해서만 설명해 고객의 마음을 열려고 한다.

"고객님, 이 제품은 다년간 연구를 통해 개발한 특허제품입니다. 기존 제품 대비 효과를 세 배가량 향상시켰으며, 이 분야 최고 제품이라고 자부합니다. 특히 저희 회사 제품은 7년 연속 동일 제품군에서 세계 일등 상품으로 선정되기도 했습니다. 고객님께 분명 큰 만족감을 드릴 것입니다."

하지만 부정적인 고객은 이런 말에 더욱 굳게 마음을 닫아 버린다. '그래서? 그래서 뭐 어쨌다고?'라며 속으로 비꼬거나 "그게 나와 무슨 상관이란 말입니까?"라며 영업인에게 반문할 수도 있다. 물론 겉으로는 그렇게 하지 않는다면 영업인은 고객의 마음을 알 리가 만무하다. 고객도 자신이 왜 이런 반문을 하는지 자각하지 못할 수도 있다.

만약 고객이 마음을 열지 않고 계속해서 부정적인 태도를 보인다면, 고객은 자신도 모르게 '그래서 뭐 어쩌라고?'를 되뇌고 있는 것이라고 보아야 한다. 고객은 직관체계를 사용하여 영업인을 밀어내고 있는데, 영업인은 숙고체계를 자극하는 논리적인 상품 설명을 반복한다면, 고객의 빗장을 풀기란 요원한 일이 된다. 고객은 오히려 빗장을 단단히 걸어 잠글 것이다.

부정적인 고객에게는 제아무리 제품의 성능이나 효과를 이야기해 봤자 소용없다. 먼저 고객의 문제를 짚어줘야 한다. 이는 직관체계를 건드리는 것이다. 건강기능식품을 취급하는 영업인의 말을 들어 보자.

"개척영업을 할 때의 일이에요. 식당 문을 열고 들어갔더니 점심식사 시간이 끝나 쉬고 있는지 일하는 분들이 자리에 둘러앉아 차를 마시고 있더라고요. 들어가자마자 제 소개를 했더니 한두 명씩 일어나 슬금슬금 피하더라고요. 다행히 한 분이 그대로 자리에 앉아 있었어요. 저는 그분에게 다가가 배운 대로 건강 상담을 했습니다. 제품은 꺼내지도 않고, 사라는 말도 안 하고 무료로 건강을 진단해 주겠다고 했더니 그런 것도 있느냐며 반신반의한 표정을 짓더라고요. 성심성의껏 상담을 하고 있으니 아까 자리를 떠났던 분들이 다시 오시더니 자기들도 해 달라는 거예요. 결국 그곳에 있는 모든 분들께 건강 상담을 해주었어요. 첫 번째 관문은 무사히 통과했다고 봐야죠."

고객의 문제를 짚어 내려면 질문을 해야 한다. 당신이 취급하는 서비스나 제품으로 해결할 수 있는 고객의 문제에 집중해야 한다.

더욱이 문제를 약간 과장할 필요가 있다. 다음 대화를 보자.

영업인: 고객님은 아침에 일어나시면 얼굴도 붓고 종아리도 붓지요?

고　객: 그러다 오후가 되면 빠져요.

영업인: 왜 그런지 생각 안 해보셨어요?

고　객: 견딜 만하니 그냥 지내고 있어요. 병원에 가 볼 시간도 없고, 병원에 가기가 두렵기도 해요. 혹시 큰 병이면 어떡해요?

영업인: 맞아요. 많은 분들이 바쁘고 두려워서 병원에 안 가시더라고요. 그런데 언제부터 얼굴이나 종아리가 부으셨어요? 고객님, 증세를 좀 더 자세히 말씀해 주실래요?

고　객: 몇 개월 된 것 같아요. 몸이 부으면서 허리가 자주 아파요. 파스를 붙여 보기도 했는데, 효과가 없더라고요. 이상하게 그전보다 소변도 자주 보는 것 같아요.

영업인: 고객님, 이런 문제를 그냥 방치하면 안 돼요. 나중에는 일도 못 하세요. 지금이야 증세가 약하니까 견딜 수 있지만, 더 심해지시면 어쩌시려고요?

고　객: 그러면 어떻게 해야 돼요?

이처럼 고객의 입에서 "그러면 어떻게 해야 돼요?"라는 말이 나오면 게임은 끝이다. 고객의 입에서 이 말이 나오도록 유도해야 한다. 아직 제품의 효과에 대해서는 어떤 말도 꺼내지 않았다. 즉, 해결책은 입도 뻥긋하지 않았다. 오직 고객의 문제에 집중했을 뿐이다. 그

런데도 위기감을 느낀(이는 직관체계가 움직였다는 증거다) 고객이
먼저 해결책을 물어보고 있지 않은가. 이제 부정적인 고객을 상대
하는 방법을 정리해 보자.

1. 설명하지 말고 질문한다. 고객에게 질문하여 문제점을 명확
   히 한다.
2. 제품을 구매하라고 말하지 않는다.
3. 고객의 문제를 확대하여 고객 스스로 위기감을 느끼도록 만들
   어야 한다. 고객이 해결책을 물어 오도록 유도한다.

여기까지만 설명하면 보통 영업인들은 이해는 하지만, 현장에 적
용하는 데는 실패한다. 그래서 따라 하면 유용할 만한 전략을 소개
하겠다. 미국 최고의 세일즈 코치 댄 사이드먼이 쓴 『잘 파는 세일
즈맨의 비밀언어』에 나오는 방법이다. 먼저 백지를 한 장 준비하라.

■ 1단계

종이를 반으로 나누고 선을 긋는다. 종이 왼쪽 위에는 '혜택'이라
고 쓰고, 오른쪽 위에는 '문제점'이라고 쓴다. 왼쪽에는 제품이나 서
비스로 인해 고객이 얻게 될 장점을 모두 나열하라. 다음으로 각각
의 혜택을 살펴보고, 그에 반하는 문제점에 대해 써넣어라. 이를테
면 신차는 '명성이 높은'(혜택) 반면, 오래된 차는 남에게 운전하는
모습을 보이기가 민망할 만큼 두 경우가 대조를 이룬다. 당신이 취

급하는 제품으로 다음과 같은 표를 만들어 보라.

혜택	문제점
• 신차를 소유함으로써 높아지는 위신 • 멋진 색상 • 정지 상태에서 시속 100킬로미터까지 가속하는 데 걸리는 짧은 시간(약 8초) • 꿈같은 승차감과 핸들링 • 10만 마일까지 무상 품질 보증	• 차가 낡아서 고객을 태우기가 민망함 • 성공하지 못했다는 인상을 풍기는 낡은 외관 • 교통 체증에 걸리면 위험해짐 • 울퉁불퉁한 구간에서 충격과 진동이 심함 • 브레이크 고장을 걱정하며 매 순간 가슴을 쓸어내려야 함

■ 2단계

종이 한 장을 더 준비해서 각각의 혜택과 문제점들과 관련 있는 감정을 불러일으킬 만한 질문 목록을 작성하라. 이 단계에서 영업의 재미를 느낄 수 있을 것이다. 또한 실질적으로 고객 맞춤형 대화를 시작하는 단계이기도 하다. 물론 문제를 짚는다면서 너무 노골적으로 문제를 말해 버리면 고객의 기분이 상할 수도 있다. 완곡한 어법을 쓰거나 다음과 같이 질문하면서 최대한 고객의 기분을 맞추면서 문제를 들춰내야 한다.

• "고객님, 건강관리를 꽤 잘하셨네요. 그래도 혹시 피곤을 많이 느끼시지는 않나요?"

• "물론 고객님께서 잘 대비하시리라 생각합니다만, 제가 보기에는 노후준비가 부족해 보입니다. 혹시 제게 말씀하지 않으신 게 있나요?"

이렇게 말한다면 고객은 큰 거부감이 없을 것이다. 부정적인 고객의 문제를 파악할 수 있는 질문 몇 가지를 더 살펴보자.

- "피부 트러블은 주로 어떤 경우에 생기시나요?"
- "여름철에는 더 피곤하시죠?"
- "자동차가 구형이라는 이유로 불이익을 당하신 적은 없나요?"

만약 고객이 성실하게 답해 준다면 문제를 더 깊이 파악할 수 있도록 다음과 같은 질문을 잽싸게 덧붙여야 한다.

- "고객님께 어떤 문제가 있는지 확실히 알고 싶습니다. 고객님이 갖고 있는 ○○ 문제에 관해 좀 더 말씀해 주시겠습니까?"
- "그런 일이 얼마나 자주 일어나나요?", "그것 말고 또 다른 문제가 있으시 다면 무엇인가요?"

다음과 같이 고객이 위기감을 느낄 만한 질문들로 고객의 마음을 흔들어 놓을 수도 있다.

- "갑자기 차량이 고장 나서 약속 시간에 늦은 적이 있지 않으세요?"
- "낡은 차 때문에 비즈니스에 손해를 보신 적은 없으신가요?"
- "노후에 정기적인 수입이 없다면 어떠실지 상상해 보셨나요? 어떤 문제가 있을까요?"

영업 고수들은 연이어 이런 질문들을 던져 고객에게 위기감을 고조시키면서 구매 욕구를 끌어올린다.

물론 이처럼 부정적인 고객만 있는 것은 아니다. 긍정적인 고객도 있다. 만나자마자 호감을 주는 고객 말이다. 그런 고객을 만나면 그날은 운수 좋은 날이다. 그 고객은 당신이 취급하는 제품에 대한 좋은 기억이 있을 수도 있다. 제품 사용으로 도움을 받았거나 다른 사람에게 좋은 평가를 들은 경우처럼 말이다. 아니면 영업인에게 좋은 인상을 받았을 수도 있다. 이처럼 제품을 꺼내 놓으면 바로 구매할 것 같은 고객, 뭐가 있느냐고 바짝 다가오는 고객, 옆 사람에게 제품이 좋다며 바람 잡아주는 고객들만 있다면 영업은 할 만하다.

그렇다고 그들이 무조건 구매를 결정하는 것은 아니므로 전략이 필요하다. 이들에게서는 문제점을 찾기보다는 얻을 수 있는 혜택을 알려주는 게 좋다. 바로 눈앞에 서 있는 고객이 얻을 수 있는 혜택에 초점을 맞추는 것이다. 그 제품을 구매하면 누릴 수 있는 성과, 효과, 자부심, 성취감 따위를 고객 스스로 머릿속으로 그리도록 하는 게 중요하다.

이때도 직접 설명하는 것보다는 질문이 유용할 때가 있다. "이 교재로 공부하면 아이들에게 어떤 도움이 될까요?", "이 시스템이 작업 시간을 30분 앞당기면, 회사에 어떤 이익이 있을까요?"와 같은 질문 말이다. 이런 질문들은 고객이 얻을 수 있는 혜택을 상상하도록 만들어 구구절절 설명할 때보다 구매 욕구를 더 높일 수 있다.

고객의 구매 결정 기준을 바꿔라

처음 만났음에도 정보를 쉽게 받아들이고 즉시 구매를 결정하는 고객이 있는 반면, 여러 번 만나 본 뒤에야 결정을 내리는 고객이 있다. 모두 좋다. 영업인을 정말 애타게 만드는 경우는 미지근한 고객이다. 사겠다는 건지 말겠다는 건지 종잡을 수 없는 고객 말이다. 살 듯 말 듯하여 열심히 방문하지만, 결론이 나지 않아 조급해했던 경험은 영업인이라면 한두 번쯤 있을 것이다.

그렇다면 쉽게 결정을 내리지 못하는 고객은 왜 그럴까? 답은 뻔하다. 아직 확신이 없기 때문이다. 고객은 숙고체계를 가동하는 중이다. 물론 성격이 우유부단해서 쉽게 결정을 내리지 못하는 고객도 있다. 그렇다고 해서 고객을 탓할 수는 없지 않은가. 신중한 고객이라면 당연히 구매 결정을 위해 더 많은 정보를 원할 것이다.

필자도 강의를 하는 사람으로서 때때로 영업을 한다. 기업체 교육 담당자들은 당연히 좋은 강사를 원한다. 만약 담당자가 시원찮은 강사를 선정해서 교육 프로그램을 망쳤다면, 그는 기존의 권한을 박탈당할 것이다. 구매를 담당하는 영업인이 구매를 잘못해서 회사에 큰 손실을 입혔다면, 승진에 불이익을 당할지도 모른다. 개인이 주로 구매하는 보험이나 자동차, 건강기능식품 같은 경우에 정확한 정보도 없이 영업인의 말만 듣고 덜컥 구매했다가 낭패를 본 경험이 있을 것이다.

궁극적으로 망설이는 고객이 앞에 있다면 당신이 해야 할 일은 그 고객에게 확신을 심어주는 것이다. 이때 당신이 먼저 할 일은 고객의 구매 결정 기준을 파악하는 것이다. 그래야 고객이 만족할 만한 정보를 줄 수 있지 않겠는가. 이때는 이런 질문들이 쓸 만하다.

- "고객님은 구매하실 때 가장 중요하게 생각하시는 점이 무엇입니까?"
- "고객님, 구매를 망설이시는 특별한 이유가 있으신가요?"
- "고객님, 뭐 궁금하신 거라도 있으신가요?"

이런 질문을 받고 고객이 중요하게 생각하는 것이나 망설이는 이유를 말했다면, 그것이 바로 고객이 구매를 결정하는 기준이다. 그것은 가격이 될 수도 있고, 품질이 될 수도 있다.

고객의 결정 기준을 알아냈으면, 그다음으로 할 일은 결정 기준에 영향을 미치는 것이다. 제품의 장점이 고객의 기준과 합치되도록 만들어야 한다. 고객의 결정 기준 가운데, 당신의 제품이 경쟁 업체 제품에 비해 유리한 점이 있는가? 만약 있다면 그것의 중요성과 장점을 부각해서 고객이 실감하도록 영향력을 끼쳐야 한다. 고객이 망설이고 있을 때, 고객의 결정에 영향을 미치는 것은 영업 과정에서 대단히 중요하다.

대부분의 고객은 자신이 중요하다고 생각하는 것을 바꾸려고 하지 않는다. 그래서 고객의 결정 기준을 바꾸는 것은 사실상 어려운 일이다. 그렇다고 해서 전혀 불가능한 것도 아니다. 성과가 높은 영업인은 고객에게 결정 기준의 중요성을 다시 한 번 생각하도록 하는 설득 능력이 뛰어나다.

그렇다면 고객의 결정 기준에 영향을 미치는 방법에는 어떤 것들이 있을까? 여기에는 기준 바꾸기, 의미 바꾸기, 장단점 이용하기, 대안 만들기가 있다. 이 네 가지 방법은 닐 라컴이 쓴 『세일즈 전략과 협상』에서 빌려왔다. 이 책에서 제시된 개념은 그대로 빌려오되, 용어는 이해하기 쉽도록 바꿨다.

먼저 '기준 바꾸기'를 보자. 당신이 취급하는 제품으로 고객의 결정 기준을 충족할 수 없다면, 고객이 결정 기준을 바꾸도록 유도해야 한다. 즉, 자사 제품의 강점을 강조하여 그것이 고객의 결정 기준이 되도록 바꿔야 한다. 기준 바꾸기는 자사 제품이 고객의 결정 기준을 충족할 수 없는 것은 직접적으로 다루지 않는다. 이것은 고객의 결정 기준에 대해 말하지 않는 대신 다른 영역의 중요성을 강조하는 기법이다.

간단한 예를 들어 보자. 보험에 가입하려는 고객이 보장 내용은 좋은데, 납입 기간이 너무 길다며 망설이고 있다. 이 가망고객의 구매 결정 기준은 보험료 납입 기간이다. 이때 보험료 납입 기간이 길어야 매월 납입 보험료가 적고, 보장 내용이 좋다고 말하는 것, 그리하여 결정 기준을 보험료 납입 기간이 아니라 저렴한 보험료와 풍부한 보장성으로 바꾸는 것, 이것이 결정 기준을 바꾸는 것이다.

한 가지 예를 더 살펴보자. 자동차를 구매하려는 고객은 다양한 결정 기준을 갖고 있다. 보통 가격, 연비, 디자인, 배기량, 색상, 실내 넓이, 할부 금리, 영업인의 호감도 등이 결정 기준이 될 것이다. 이처럼 여러 결정 기준을 완벽하게 충족하는 차가 있다면 영업인 입장에서는 정말 다행스러운 일이지만, 현실은 대개 그렇지 않다.

이때 고객의 결정 기준이 가격이라고 가정해 보자. 그런데 모든 조건을 충족하는 차의 가격이 비싼 것은 너무나 당연하지 않은가. 그렇더라도 이렇게 좋은 차의 가격이 이만한 것은 마땅한 일이라고 고객에게 말할 수는 없다.

기준 바꾸기에서 중요한 것은 가망고객의 결정 기준을 절대 깎아내리거나 과소평가하지 않는 것이다. 고객의 결정 기준을 무리하게 바꾸려고 시도하는 것은 결정 기준의 중요성을 약화하기보다 자칫 강화할 위험이 있다. 따라서 최선의 전략은 그 기준이 나름대로 중요하다는 사실을 인정하면서 시작하는 것이다.

다음은 '의미 바꾸기'다. 고객이 어떤 기준이 충족되어야 제품을 구매한다고 말할 때, 그것은 그 기준이 자신에게 중요하기 때문에 바꾸기 어렵다는 뜻이다. 그러므로 가망고객의 기준을 충족시킬 수 없을 때라도, 그것이 중요하지 않다고 설득하려 들면 안 된다. 가망고객의 중요한 결정 기준을 무리하게 바꾸려고 하면 대부분 실패로 끝난다. 오히려 논쟁으로 빠질 위험성이 높아진다. 논쟁은 아무런 실익이 없다. 그러면 어떤 방법이 효과적일까?

이때 필요한 방법이 바로 '의미 바꾸기'다. 의미 바꾸기는 가망고객이 중요하게 생각하는 결정 기준이 잘못됐다고 말하는 것이 아니라, 기준의 의미를 바꾸는 작업이다.

예를 들어, 저렴한 제품을 원하는 고객이 있다고 가정해 보자. 가격이 싸거나 비싸다는 것은 단순히 지불하는 액수의 문제가 아니라 고객의 만족도와 관계가 있다. 8천 원짜리 영화도 재미없으면 돈이 아깝고 비싸다는 생각이 들지만, 10만 원짜리 음악회라도 만족하면 비싸다거나 아깝다는 생각이 들지 않는다. 따라서 가격의 의미는 단순히 액수의 문제가 아니라 고객의 만족도와 관계있다는 것을 강조해야 한다. 고객의 만족도를 기준으로 해서 가격의 의미를 바꿔야 한다.

또 다른 예를 들어 보자. 가격이 싼 제품은 내구성이 떨어지고, 가격이 비싼 제품은 내구성이 좋아 오래 사용할 수 있다. 싼 것을 구매하여 부품을 수시로 교체하는 것보다는 비싼 제품을 구매하여 오랫동안 사용하는 것이 유리할 수 있다. 고객의 결정 기준이 '저렴한 비용'이라면 굳이 이 문제를 가지고 논쟁할 필요가 없다. 고객의 결정 기준을 지지하면서 의미 바꾸기를 시도하는 것이 중요하다. "고객님, 지금 당장 다소 많은 돈을 지불하더라도 이 제품을 구매하시는 것이 장기적으로 보면 더'저렴한 가격'입니다."라고 말하는 것이다. 이는 고객의 결정 기준을 건드리지 않으면서 의미만을 바꾼 것이다.

그 다음으로는 '장단점 이용하기'가 있다. 모든 고객들은 가격이 싸면서 품질은 우수한 제품을 원한다. 하지만 제품들을 비교해 보면 역시 가격이 싼 제품은 품질이 떨어지고, 품질이 뛰어난 제품은 가격이 비싸다는 사실을 알게 된다. 어떤 제품이 고객의 기준을 완전히 충족한다는 것은 사실상 불가능한 일이다.

장단점 이용하기는 고객이 가장 중요하게 생각하는 기준을 가장 크게 충족한다면 다른 것은 손해를 볼 수도 있다는 점을 강조하는 방법이다. 품질이 우수한 제품을 원하면 다소 많은 돈을 지불해야 하고, 커다란 자동차를 원하면 연비가 떨어질 수밖에 없다는 사실을 설득해야 한다.

방문 판매 영업인을 괴롭히는 것 중에 하나가 온라인 할인 판매다. 건강기능식품, 화장품, 보험 상품 등은 온라인에서도 저렴한 가격으로 판매하고 있다. 여기서도 '장단점 이용하기'를 활용할 수 있다.

온라인에서 구매하려는 가망고객에게 상품을 직접 보지 않고 살 경우 발생할 수 있는 위험성이나 서비스가 충분하지 않다는 점 등을 강조하면 효과적이다. 특히 건강식품이나 화장품의 경우, 유통기간을 제대로 확인하지 않고 사는 것은 매우 위험하다는 사실을 알려주는 것도 이 방법을 잘 활용한 예다. 홈쇼핑 구매로 낭패를 본 사례,

온라인 구매를 했는데 가짜 제품이 배송된 사례를 미리 준비하여 설명한다면 더욱 효과적이다.

마지막은 '대안 만들기'다. 앞의 세 가지 방법으로도 고객의 결정 기준을 만족시키지 못할 때가 있다. 가령 저렴한 가격을 선호하는 고객이 무리한 할인을 요구할 때가 그러하다. 화장품은 특히 이런 경우가 많다. 그렇다고 해서 판매를 포기할 수는 없지 않은가. 이럴 때는 피부 관리나 샘플 챙겨 주기, 덤 주기 등으로 극복해야 한다. 제품을 구매하는 고객에게 대안으로 제공할 수 있는 것이 무엇인지 궁리해야 한다. 이 문제는 고객관리와도 연결된다. 어떤 유혹이 와도 꿈짝 않는 충성고객은 영업인이 하기 나름이다.

말의 힘을 이용하라

말에 관한 속담이나 격언이 많다. 모두 말의 힘을 강조하고 있다. 그중에서 몇 가지를 들면 이렇다.

- "남의 입에서 나오는 말보다도 자기의 입에서 나오는 말을 잘 들어라"
- "한마디의 말이 들어맞지 않으면 천 마디의 말을 더 해도 소용이 없다"
- "말이 입힌 상처는 칼이 입힌 상처보다 깊다"
- "가는 말이 고와야 오는 말도 곱다"
- "어 다르고 아 다르다"

말의 힘을 알고 있는 많은 학자들이 긍정적인 말과 부정적인 말을 구별해 놓았다. 예를 들어 사랑, 용기, 승리, 멋지다, 성취하다, 존경하다 같은 단어는 긍정적인 느낌을 준다. 반면 폭동, 경련, 마약, 경멸하다 같은 단어는 부정적인 느낌을 준다. 욕하고, 깎아내리고, 불평하고, 한탄하는 말들은 대개 부정적이다. 칭찬하고, 격려하고, 용기를 북돋워주고, 감사를 표현하는 말은 모두 긍정적인 느낌을 준다.

따라서 고객을 향해 말을 할 때는 무조건 긍정적인 단어를 사용해야 한다. 할 어반은 자신의 저서 『긍정적인 말의 힘』에서 '소비자에게 가장 영향을 주는 단어들'과 '소비자에게 긍정적인 영향을 주는 단어들'을 다음과 같이 정리해 놓았다.

■ 소비자에게 가장 영향을 주는 단어들

당신	쉬운	새로운	결과
증명된	건강	돈	안전한
사랑	보증	절약하다	발견하다

■ 소비자에게 긍정적인 영향을 주는 단어들

기적	증명된	혁명적인	필요한
마술	값싼	놀라운	지금
빠른	서두르다	제공하다	선풍적인

당신이 단어만 바꿔 사용해도 고객에게 긍정적인 영향을 미치고, 그것은 당연히 성과 향상으로 연결된다. 그러니 고객에게 문자 메시지를 보낼 때나 상담을 할 때 다음과 같이 의식적으로 영향력 있는 단어를 사용하라.

- "고객님, 이 제품은 선풍적인 인기를 끌고 있습니다."
- "이 제품의 효과는 이미 과학적으로 증명되었습니다."
- "고객님의 돈을 절약할 수 있는 놀라운 상품입니다."
- "이 제품을 값싸게 제공해 드리겠습니다."

그리고 이런 말을 상담 중간중간 사용해야 한다. 세일즈를 시작하는 첫 단계부터 계약을 확정한 이후의 순간까지 긍정적인 말은 고객을 한결 편안하게 한다. 제품을 구매한 후에도 고객은 자신의 선택이 옳았다는 사실을 입증할 정보를 찾게 마련이다. 구매에 대한 확신감이 충족되지 못하면 재구매는 기대할 수 없다. 고객의 선택을 지지하는 말을 자주 해야 하는 이유다. 또한 판매 후에도 제품의 우수성을 알리고, 새로운 정보를 지속적으로 알려줘야 한다. 그래야 고객은 자신의 선택적 판단을 합리화한다.

또한 말에는 '힘 있는 말'과 '힘없는 말'이 있다. 무엇이 힘 있는 말이고 무엇이 힘 없는 말인지 다음의 두 가지 예시를 비교해 보자.

- "고객님 이 제품은 정말 좋은 것 같아요. 가장 많이 팔리는 상품이라고 하더라고요. 다른 고객 분들도 써 보니까 모두 좋다고 하는 것 같아요. 음 효능도 좋은 것 같고, 가격도 비싸지 않고……. 서비스? 이게 궁금하시죠? 다른 고객 분들도 만족한다고 하던데요?"
- "고객님, 이 제품의 효과는 이미 증명됐습니다. 지금 가장 인기 있는 상품인데다가 다른 고객님들도 써 보고 모두 만족하셨습니다. 효능 좋지, 가격

저렴하지, 게다가 서비스까지 다들 만족도가 정말 높습니다.”

두 예시문의 차이점을 금세 알 수 있을 것이다. 당신이 고객이라면 어떤 영업인의 설명을 더 신뢰하겠는가? 당연히 후자일 것이다. 고객과 상담할 때 ‘좋은 것 같아요.’, ‘하더라고요.’, ‘하는 것 같아요.’와 같은 말을 사용해서는 안 된다. 이렇게 확신 없는 말은 고객에게 신뢰를 주기는커녕 전문성을 의심받기 쉽다. 반대로 ‘확실합니다.’, ‘증명합니다.’, ‘안전합니다.’, ‘제가 보증하겠습니다.’와 같은 말은 고객을 안심하도록 한다.

필자가 현장에서 영업을 할 때 자주 사용하는 말이 있었다. “제 어머니라면 이것으로 사 드리겠습니다.”, “제 아이라면 이것을 선택하겠습니다.”, “제 동생이라면 이 제품을 권하겠습니다.”가 그것이다. 고객이 망설이고 있을 때 이런 말을 해주면 효과가 좋았다. 고객의 감성을 자극하기 좋은 말이라고 할 수 있다.

‘왜냐하면’이라는 말의 효과도 정말 대단하다. 많은 세일즈 책에서 언급한 내용이지만, 현장에서는 잘 사용하지 않는 단어다. 그런데 실험 결과 ‘왜냐하면’ 다음에 별로 설득력 없는 이유를 대도 많은 고객들이 수긍한다니 놀랍지 않은가. 놀라운 말의 힘을 세일즈 현장에서 잘 활용해야 하는 이유다.

- “이 제품은 고객님의 재산을 지켜 드릴 것입니다. 왜냐하면…….”
- “정말 빠르게 효과를 보실 겁니다. 왜냐하면…….”

- "이번 기회를 놓치시면 손해가 큽니다. 왜냐하면……."

당신이 하는 말은 내용도 중요하지만 목소리나 어투도 중요하다. 목소리에 자신감이 묻어난다면 고객의 신뢰를 얻을 수 있다. 취급하는 제품에 자신감이 없다면 결코 고객을 설득할 수 없다. 하지만 많은 영업인들이 상대적으로 목소리를 중요하게 생각하지 않는다. 그래서 자신의 목소리를 심각하게 고민하는 사람도, 고쳐 보려고 노력하는 사람도 찾아보기 어렵다. 좋은 목소리는 만나서 말을 할 때는 물론이거니와 고객과 전화로 약속을 잡거나 상담을 할 때도 안정감과 신뢰감을 준다.

영업인이라면 여유 있고 느긋하며 정확하게 말해야 한다. 배에서부터 끌어올리는 목소리는 맑고 정확하다. 이런 목소리는 고객에게 좋은 첫인상을 남길 수 있다. 목소리의 영향력을 깨달은 아세 조세프는 40년 전 '보컬 파워'라는 개념을 만들었다. 이는 정신·육체·영혼을 통합해 자신의 정체성과 일치하는 목소리를 낼 때 갖게 되는 힘으로, 사람의 마음을 움직이고 삶을 긍정적으로 변화시키는 목소리의 힘을 말한다. 그는 자신의 저서 『보컬 파워』에서 이를 다음과 같이 설명하고 있다.

보컬 파워는 정신, 육체, 영혼을 일체시킨다. 정신적인 차원에서 볼 때 우리의 아이디어나 의견을 목소리를 내서 표현하듯이, 우리가 누구인지 나타내는 것은 '목소리'다. 우리는 목소리로 무엇인가를 표현하려 할 때,

어떤 말을 어떻게 표현할 것인가를 선택하고 결정한다. 우리는 자신의 생각이나 감정, 해결되지 않은 심리적인 문제들을 말이나 노래로 전달한다. 그런데 해결되지 않은 심리적인 문제들은 우리의 목소리 표현에 장애가 될 수 있다.

신체적으로 볼 때 허파에서 나온 공기가 목 아래쪽에 있는 성대를 지나면서 진동이 생기고, 그것이 발성 통로를 지나면서 나오는 것이 '목소리'다. 즉, 허파에서 나오는 공기의 떨림인 것이다. 목소리는 목과 배의 근육은 물론 신체의 다른 근육들과 호흡을 사용해 만들어지는 것이다. 그렇기 때문에 긴장을 하면 소리가 제대로 나오지 못한다.

영혼의 차원에서 볼 때 목소리는 우리 자신이 보여주는 무형의 에너지 또는 생명력이라고 말한다. 이것은 우리가 생명을 유지하는 데 필요한 호흡과 같은 곳에서 나온다.

좋은 목소리가 필요하다면 아서 조세프의 『목소리 훈련법』을 반드시 읽어 보기를 권한다. 하루에 단 7분만 할애해서 훈련하면 좋은 목소리를 가질 수 있다.

감성을 자극할 한마디를 찾아라

브라이언 트레이시가 쓴 『판매의 심리학』에는 구매가 감정의 지배를 받는다는 사실을 확실하게 보여주는 사례가 나온다.

한 부동산 중개인이 어느 부부에게 집을 보여주고 있었다. 그 집은 그리 근사하지는 않았지만 뒷마당에는 꽃이 핀 체리나무가 있었다. 그것을 본 부인이 소리를 질렀다.

"해리! 저 아름다운 체리나무 좀 봐요. 내가 어렸을 때도 우리 집 뒷마당에 체리나무가 있었어요. 난 항상 꽃이 핀 체리나무가 있는 집에서 살고 싶었다고요."

부동산 중개인은 부인의 그 말을 머릿속에 새겨 넣었다. 그들이 집을 둘러보는 동안 해리는 그 집이 썩 내키지 않았는지 이런저런 불만을 늘어놓았다.

"우리가 이 집의 카펫을 새로 깔아야 할 것 같군요."

그 말을 들은 중개인이 대답했다.

"그렇군요. 그렇지만 여기서 밖을 한번 내다보세요. 창문을 통해 아름다운 체리나무가 한눈에 들어옵니다."

즉시 밖을 내다본 부인은 체리나무를 보고 미소를 지었다. 부동산 중개인은 집을 사는 데 그 부인이 최우선 결정권자라는 것을 알고 있었다. 그래서 그녀에게 초점을 맞춘 것이다.

그들이 부엌으로 들어갔을 때 해리는 "부엌이 약간 좁군요. 수도관도 오래된 것 같고요."라고 말했다. 그러자 중개인이 그 말을 받아 재빨리 대답했다.

"네, 사실입니다. 그렇지만 저녁을 준비하면서 이 창문으로 밖을 보면 아름답게 꽃이 핀 체리나무를 볼 수 있지요."

그들은 2층으로 올라가 나머지 방들을 살펴봤다. 그때 해리는 "침실이 모두 작아요. 벽지도 구식이고요. 방엔 모두 페인트칠을 새로 해야겠군요."라면서 불평을 늘어놓았다. 이번에도 부동산 중개인은 체리나무에 집중했다.

"네, 그렇지만 어느 방에서든 뒷마당에 있는 체리나무를 볼 수 있지요."

집을 다 살펴봤을 때쯤, 부인은 꽃이 핀 체리나무에 마음을 온통 뺏긴 나머지 다른 것은 눈에 들어오지도 않았다. 결국 그녀는 집을 사겠다는 결정을 내렸다. 그 부동산 중개인이 고객의 '핫 버튼'을 파악하고 적극적으로 대처했기 때문에 거래가 성사된 것이다.

판매 중인 제품이나 서비스에는 저마다 '꽃이 핀 체리나무'가 있다. 그 제품을 사려는 고객이라면, 그 안에는 고객이 원하는 뭔가가 있다는 뜻이다. 그것이 바로 고객이 진정 얻고 싶어 하는 이득이다. 고객에게 성의껏 질문하고 경청하면 그것이 무엇인지 찾아낼 수 있다. 그리고 구매를 하면 그것을 얻을 수 있다는 확신을 고객에게 심어 줘라.

세일즈 격언 중 하나인 "소고기 대신 지글지글을 팔아라."라는 말을 알고 있는가? 고객에게 소고기의 장점을 나열하기보다 고객의 머릿속에 프라이팬에서 소고기가 지글지글 익는 장면을 떠오르게 하는 것이 중요하다. 생각해 보라. 한우 1등급이 어떻고, 횡성 한우가 어떻고, 마블링이 어떻다고 설명하는 것보다 "이 고기를 프라이팬에 구워 보세요. 고기가 지글지글 익으면서……."라고 설명하는 것이 고객의 욕구를 더욱 자극한다.

전문가들이 만드는 광고에는 모두 이런 '지글지글'이 들어 있다. 당신도 취급하는 제품별로 '지글지글'을 만들어 놓으면 고객의 호기심과 감성, 욕구를 자극할 수 있다. 오늘 아침 신문만 봐도 이런 광고 문구들이 수두룩하다.

- 대한민국 커피 만세 ○○○

- 놀라운 가격, 더 놀라운 혜택

- 미래를 함께하는 따뜻한 금융 ○○○○

- 굿 초이스 ○○

감성을 자극하는 결정적인 한마디를 얻기 위해서는 자신이 취급하는 제품에 대해 많이 연구해야 한다. 그러면 무엇을 강조해야 하는지 알 수 있다. 우선 취급하는 제품의 장점을 모두 적어 보면 그 가운데서 가장 독특하고 감동적인 것을 찾을 수 있을 것이다. 그것을 세심하게 다듬으면 고객의 욕구와 감성을 자극할 한마디를 만들 수 있다. 정리해 보면 다음과 같다.

1. 상품을 고른다.
2. 그 상품의 장점을 생각나는 대로 적는다.
3. 그중에서 가장 독특하고, 고객의 감성을 자극할 만한 것을 고른다.
4. 그중 한두 가지를 섞어 제품을 표현한다.

이제 연습해 보자.

판매할 상품	간 기능 개선제
장점	1. 개별 인정형 제품이다. 2. 특허를 받았다. 3. 간세포를 빠르게 재생한다. 4. 피로감을 없애 주고 활력을 불어넣어 준다. 5. 간질환을 개선한다.
독특하고 자극적인 것	피로를 없애주고 활력을 불어넣어 준다.
한마디	"삶에 활력을 주는 OOO"

자, 어렵게 고민하지 말자. 우리는 전문가가 아니다. 텔레비전 광

고나 신문 광고를 유심히 보며 모방을 해도 좋다. 한 가지 예를 더 들어 보자.

판매할 상품	생수
장점	1. 일반 생수보다 10배 풍부한 천연 미네랄을 함유하고 있다. 2. 혈액 순환을 개선하여 신진대사를 촉진한다. 3. 마그네슘이 풍부하여 집중력이 필요한 청소년에게 적합하다. 4. 장운동 능력이 떨어져 소화력이 부족한 아기의 소화 흡수에 좋다. 5. 취수에서 생산까지 이중 안전장치를 확보하여 청결하다.
독특하고 자극적인 것	일반 생수보다 10배 풍부한 미네랄, 혈액 순환, 집중력 향상, 소화 흡수 촉진
한마디	"천연 미네랄이 10배 풍부하여 건강에 좋은 해양 심층수"

이것은 한 생수 업체 특판부 영업인을 교육할 때 사례로 든 것이다. 사실 일반 고객들은 생수를 모두 다 '거기서 거기'로 본다. 무언가가 특별히 뛰어나다고 여기지 않는다. 그러므로 당신이 취급하는 생수에서 다른 생수들과 달리 특별한 점을 찾아내는 것이 우선이다.

먼저 생수의 장점을 적어 보고, 그중에서 독특하고 고객의 감성과 욕구를 자극할 수 있는 특징을 찾아내야 한다. 그리고 한마디를 만들면 된다. 이 생수는 장점을 5가지로 정리할 수 있다. 그중에서 한마디를 구성한다면 '일반 생수보다 10배 풍부한 천연 미네랄이 건강을 지켜 준다.'가 적합하다. 고객에게 이 한마디를 강조하면 세일즈 성공 확률을 높일 수 있다.

물론 고객에 따라 '한마디'를 다르게 만들 수도 있다. 자녀에게 주려고 생수를 구입하는 고객이라면 '마그네슘이 풍부하여 청소년의 집중력을 높이는…….'을 한마디로 하는 것이 유리할 것이다. 소화가 안 되는 아이에게 먹이려는 고객이라면 '소화력이 부족한 아기의 소화 흡수에 좋다.'를 한마디로 하는 게 유리하다.

보험 상품으로 한 번 더 공부해 보자.

판매 할 상품	연금보험
장점	1. 최대 72만원 소득공제 2. 70세 이후 연금액 증액 3. 연금 수령 시 비과세 4. 3년마다 건강관리 자금 지급 5. 암, 뇌졸중 같은 성인병 보장
독특하고 자극적인 것	70세 이후 연금액 증액, 3년마다 건강관리 자금 지급
한마디	"70세 이후 연금액을 늘리고, 3년마다 건강관리 자금이 지급되는 ○○연금보험"

고객의 감성을 자극하는 한마디는 상품별로 몇 가지씩 준비해 놓으면 좋다. 앞에서 말했듯이 고객마다 구매 결정 기준이 다르기 때문이다. 고객의 구매 결정 기준을 알아낸 다음, 그에 따른 맞춤형 설명을 하면 세일즈 성공 확률은 높아진다.

한마디의 위력은 길거리 판촉에서도 발휘된다. 필자가 쓴 『한 번 더 세일즈』에 나오는 다음 사례를 보자.

어떤 한 세일즈맨이 지나가는 사람들에게 "안녕하세요? ○○ 알로에 □□□(화장품 이름) 샘플입니다. 하나씩 받아 가세요." 하면서 샘플을 나눠 주는데 사람들이 전혀 관심이 없더란다. 당연하다. 고객들 머릿속에는 □□□에 대한 이름도 생소하고 그것이 무엇인지도 모르는데 뜬금없이

"□□□을 받아 가세요."라고 해 봤자 고객의 관심을 끌 수 없었던 것이다.

그래서 말을 바꿨단다. "여름철 피부에 좋은 알로에 받아 가세요."라고 말이다. 그랬더니 처음보다는 관심도가 조금 높아지더란다. 그러나 이도 어딘가 부족했다. 고객의 관심을 확 끌 만한 '지글지글'이 없었던 것이다.

그래서 마지막으로 이렇게 말을 바꿨다고 한다. "여름철 햇볕에 지친 피부를 촉촉하고 탄력 있게 바꿔주는 알로에 화장품 □□□입니다."

여기에도 고객의 호기심과 욕구를 자극하는 '한마디'가 있다. 바로 '피부를 촉촉하고 탄력 있게 바꿔주는'이 그것이다. 이 한마디로 홍보 문구를 바꾼 뒤에는 당연히 고객들이 관심을 보이며 질문도 많이 했다고 한다. 이것이 '한마디'의 위력이다.

당신도 이처럼 자신만의 사고방식에서 벗어나 고객의 머릿속으로 들어가야 한다. 고객의 주요 관심사를 파악해서 그것을 집중 공략하는 전략이 바로 '한마디' 전략이다. 당신이 가망고객에게 제품(혹은 서비스)에 대해 설명하고자 할 때는 고객이 얻을 수 있는 가장 크고 직접적인 이익을 한마디로 표현해야 한다.

상품의 장점은 한두 가지면 족하다

다음과 같이 한 보험 영업인이 고객에게 열심히 상품 설명을 하고 있다.

"고객님 저희 회사는 우리나라에서 가장 오래되고, 자산 규모도 가장 큰 회사입니다. 특히 이번에 소비자 보호원에서 고객만족 우수 보험회사로 선정되었습니다. 이 제품은 그동안 여기저기 흩어져 있던 보장을 한군데로 묶어서 하나의 보험으로 온 가족을 보장하는 통합보험입니다. 사망하면 사망 보험금도 받을 수 있고, 몸을 움직일 수 없거나 일상생활을 할 수 없게 되면, 장기 간병진단 보험금과 장기 간병연금도 드립니다. 특약에 가입하면 어떤 병이든지 다 보장해 주고, 은퇴 시 보장 대신 연금으로 돌려받으실 수도 있습니다……."

이렇게 10분간 떠들었다고 가정해 보자. 미안하지만, 이것은 정말

'떠든 것'이다. 정상적인 영업인이라면 이런 식으로 10분간이나 떠들지는 않을 것이다. 그렇다면 이 영업인은 무엇을 잘못한 것일까?

- 일방적으로 길게 말했다.
- 회사와 상품 자랑만 했다.
- 고객의 욕구와 문제에 대해서는 전혀 마음을 쓰지 않았다.
- 상품의 장점을 너무 많이 나열했다.
- '통합 보험', '어떤 질병', '일상생활을 할 수 없게 되면'같이 구체적이지 않은 단어를 사용했다.

상품의 장점을 많이 나열하면 무조건 좋을 것이라고 생각할 수도 있다. 그런데 이것이 왜 잘못한 것일까? 그 이유는 마케팅 전문가 장정빈 원장이 쓴 『고객의 마음을 훔쳐라』에 잘 설명되어 있다.

독일의 사회심리학자인 웬키, 보너, 쥬코위치는 실험 대상자를 두 그룹으로 나눠 A 그룹에는 "BMW가 좋은 이유를 한 개만 적어 주세요."라고 요청했고, B 그룹에는 "BMW가 좋은 이유를 10개만 적어 주세요."라고 요청했다. 이후 각 그룹에게 BMW를 얼마나 긍정적으로 평가하는지 점수를 매기도록 했다. 실험 결과는 매우 흥미로웠다. BMW가 좋은 이유를 한 개만 써 달라는 요청을 받은 A 그룹은 10점 만점에 5.8점의 선호도를 보였다. 반면 BMW가 좋은 이유 10개를 적어 달라고 요청받은 B 그룹은 4.2점의 선호도를 보였다. 다른 조건은 모두 동일했고, 단지 좋은 이유를 각각 한 개와 10개를 적으라고 했을 뿐인데, 브랜드 선호도에 큰 차이를 보인 것이다. 왜 이런 결과가 나타난 것일까?

BMW가 좋은 이유를 하나만 적으라고 하면, 참가자들은 그것을 쉽게 생각할 수 있다. 단 하나만 생각해 내는 것은 그리 어렵지 않기 때문이다. 예를 들어 훌륭한 디자인, 강력한 파워, 최고 브랜드와 이유를 금세 떠올릴 수 있다.

그러나 BMW가 좋은 이유를 10개 적으라고 하면, 과제를 수행하는 데 어려움을 느낄 수밖에 없다. 장점을 10개씩이나 생각해 내기란 결코 쉽지 않기 때문이다. 실제로 실험 참가자들은 BMW가 좋은 이유를 평균 3~4개 정도 적은 것으로 나타났다. 그 이상은 적지 못했다. 결국 B그룹은 10개를 적으라는 과제를 완수하지 못한 것이다. 이렇게 되면 어떤 결과가 나타날까?

좋은 이유를 한 개만 적은 A 그룹은 자신들이 생각한 그 이유를 바탕으로 BMW에 대한 선호도가 높아진다. 스스로 '그래 바로 이 점 때문에 BMW가 좋은 거야.'라는 평가를 내린다. 반면에 10개를 적어야 했던 B 그룹은 3~4개 이유만 찾는 데 그쳐 BMW가 좋은 이유가 생각보다 많지 않다고 인식한다. 결과적으로 BMW에 대한 선호도가 떨어진다. 이 실험은 제품의 장점을 무조건 많이 늘어놓기보다 고객이 기억하기 쉽게 한두 가지만 언급하는 것이 좋다는 사실을 증명한다.

앞서 부정적인 고객과 긍정적인 고객을 다루는 법을 다뤘다. 다시 한 번 복습하면, 부정적인 고객에게는 고객의 문제를 파악하여 그 문제의 심각성을 알린 뒤 고객이 호기심을 보일 때 해결책을 제시하는 방법을 써야 한다. 반대로 긍정적인 고객에게는 문제보다는 고객이 얻을 수 있는 혜택에 집중해야 한다.

그런데 많은 영업인들이 흔히 저지르는 실수가 있다. 고객이 얻을 수 있는 혜택에 대해서 말하기보다는 회사 자랑이나 제품의 특징만을 나열한다는 것이다. 다음 예문을 보자.

- "이 자동차의 볼륨감 있고 다이내믹한 캐릭터 라인은 SUV 스타일을 강조하며 안정감을 증대시킵니다. 전자식 4WD 시스템이고 한국형 디젤엔진이라……."
- "이 제품은 저희 회사 연구팀의 피부 노화 근원 탐색 연구로 밝혀낸 202가지 피부 생기와 에너지의 근원입니다. 연구팀은 오믹스 기법을 활용하여 정상 피부세포와 노화된 피부세포에서 수천 가지 유전자, 단백질, 대사체들을 스크리닝한 결과, 정상 피부세포 대비 노화 피부세포에서 수백 가지 바이탈 코드가 변화한 것을 확인하였고 그중에서도 202가지 바이탈 코드가 핵심적으로 변화한 것을 확인하였으며……."

일단 무슨 말인지 도무지 알아들을 수가 없다. 이런 전문용어는 가능한 한 피하는 게 좋다. 또한 제품의 특징만 늘어놓았을 뿐 고객에게 어떤 혜택이 있는지 말하지 않았다. 고객의 가장 큰 관심사는 당신이 취급하는 제품이 아니다. 당신이 근무하는 회사는 더더욱 아니다. 그 제품이 자신의 욕구나 문제를 얼마만큼 해결해 줄 수 있느냐에 관심이 있을 뿐이다.

이것은 고객과 상담할 때 무척 중요한 문제다. 고객에게 제품에 대해 설명할 때 이 제품이 고객의 문제를 해결해 줄 수 있다거나 어떤 혜택을 줄 것인지를 강조하여 관심의 초점을 상품에서 고객으로 전환해야 한다. 제품을 설명하는 순서는 다음과 같다.

1. 고객의 감성을 자극할 한마디로 설득하라.

2. 그 한마디를 받쳐 주며, 고객이 얻을 혜택 세 가지를 언급하라.

3. 구체적인 사례나 증거를 언급하라.

4. 다시 한 번 고객이 얻게 될 혜택에 대해 강조하라.

이제 이 순서에 따라 앞서 연습한 생수에 대해 다시 설명해 보자.

■ 사례 1 : 일반적인 설명

"고객님, 이 생수는 일반 생수보다 미네랄이 10배 풍부한 해양 심층수입니다. 강원도 고성 앞 깊은 바다에서 이중 안전장치로 끌어 올려 깨끗함을 유지하고 있습니다. 미국 식품의약품국과 국제생수협회에서 적합 판정을 받았습니다. 이 생수는 미네랄이 일반 생수에 비해 10배 풍부하여 건강에도 좋습니다."

■ 사례 2 : 50대 고객용 맞춤 설명

"고객님, 이 생수는 일반 생수보다 미네랄이 10배 풍부한 해양 심층수입니다. 혈액 순환에 좋고, 숙취 해소에도 좋습니다. 다이어트 중이시라면 비타민과 칼슘 섭취가 중요한데 마그네슘과 칼슘이 풍부해서 이 물을 반드시 드셔야 합니다. 텔런트 ○○○와 △△△도 이 물을 마시고 있습니다."

앞의 두 사례를 비교해 보면 다른 점을 금세 찾을 수 있을 것이다. 다음의 표를 보자.

	제품의 특징	고객의 이익
사례 1	• 일반 생수보다 미네랄이 10배 풍부함 • 깊은 바다에서 이중 안전장치로 끌어올려 깨끗함을 유지함 • 미국 식품의약품국과 국제생수협회에서 적합 판정을 받음	• 건강에 좋음
사례 2	• 일반 생수보다 미네랄이 10배 풍부함	• 혈액 순환에 좋음 • 숙취 해소에 좋음 • 다이어트에 필요한 미네랄이 풍부함

'사례 1'은 제품의 특징에 초점을 맞추고, 고객이 얻을 이익은 '건강에 좋다'고 뭉뚱그려 설명하는 데 그치고 있다. 반면 '사례 2'는 제품의 특징보다는 고객이 얻을 이익에 초점을 맞추고 있다. 당신이 50대라면 어떤 설명을 듣고 구매할 확률이 높겠는가.

40~50대로 구성된 방문판매 업체에서 주부 사원 55명에게 앞의 두 사례를 제시하고 어느 설명을 들었을 때 구매할 용의가 있느냐고

묻는 실험을 했다. '사례 1'은 13명, '사례 2'는 42명으로 나왔다. 압도적인 차이다. '사례 1'은 생수의 특징을 강조하였지만, '사례 2'는 고객이 얻을 이득을 구체적으로 제시하고, 이 생수를 이용 중인 특정 연예인 이름까지 언급하면서 '사회적 증거의 법칙'도 활용했다. 당연히 '사례 2'가 고객의 구매 욕구를 더 자극한 것이다.

사례를 언급할 때는 최근 사례를 활용하는 것이 고객의 구매 욕구를 높이는 데 도움을 준다. 그래야 고객이 쉽게 기억해 낼 수 있기 때문이다. 이것을 '회상의 용이성'이라고 한다. 예를 들어, 사스가 유행한 뒤에는 면역력을 높여주는 건강기능식품이 잘 팔리고, 대형 교통사고가 발생한 뒤에는 튼튼한 자동차가 잘 팔린다.

고객의 머릿속에 그림을
그리게 하라

필자가 어릴 적에는 텔레비전이 귀해 라디오를 들었다. 간식거리도 귀하던 시절, 저녁이 되면 앞마당에 묻어둔 무를 꺼내 깎아 먹고 온 가족이 함께 누워 라디오를 들었다. 라디오 드라마를 들을 때면 머릿속에서 장면 하나하나가 그림으로 그려졌다. 동화책을 보거나 소설을 읽을 때도 마찬가지다. 재미있는 장면에서는 머릿속에 그림이 그려졌다. 그리고 오래도록 그 장면이 머릿속에서 지워지지 않았다.

이렇듯 고객으로 하여금 머릿속에 그림을 그리도록 설명하면 고객의 머리에서 쉽게 잊히지 않을 뿐만 아니라 구매 욕구를 강화할 수도 있다. 도모노 노리오가 쓴 『행동경제학』에는 다음과 같이 흥미로운 실험이 나온다.

여대생 120명에게 가상으로 학교 내에서 어떤 병이 만연할 조짐이 있으니 이 병의 증상을 적어 놓은 글을 읽고 자신이 이 병에 걸릴 가능성 정도를 판단하도록 하였다. 그리고 실험 대상 학생들을 네 그룹으로 나누었다.

첫 번째 그룹에 속한 학생들에게는 이 병에 걸리면 활력 저하, 근육통, 점차 심한 두통이 일어나는 등의 증상을 구체적이고, 이전에 경험했을 법한 내용을 적은 종이를 건넸다. 두 번째 그룹에 속한 학생들에게는 훨씬 더 추상적인 내용을 적은 종이를 읽게 했다. 메시지 내용은 약간의 방향 감각 상실, 신경계 기능 불완전, 간장의 염증 같은 것이었다. 실험 참가자들은 종이에 적힌 증상을 읽고 난 후, 자신이 3주 후에 이 병에 걸릴 가능성 정도를 10단계로 평가하게 했다.

세 번째 그룹과 네 번째 그룹에 속한 학생들에게는, 증상은 첫 번째와 두 번째 그룹과 각각 같지만, 만약 이 병에 걸린다면 3주 뒤에 자신에게 어떤 증상이 나타날지 구체적으로 머릿속에 그리고 난 후, 이 병에 걸릴 가능성 정도를 판단하도록 했다.

그 결과, 이 병에 걸릴 가능성이 가장 높을 것이라고 판단한 그룹은 세 번째 그룹에 속한 학생들이었고, 다음은 두 번째 그룹, 첫 번째 그룹 순이었다. 네 번째 그룹이 병에 걸릴 가능성 정도를 가장 낮게 판정했다. 증상 내용이 구체적일 뿐만 아니라 스스로 병에 걸릴 수 있다는 이미지를 떠올린 그룹이 가장 병에 걸리기 쉽다고 생각한 것이다. 반면에 증상이 애매해서 자신이 병에 걸릴 수 있다는 이미지를 떠올리기 어려운 그룹은 병에 걸릴 가능성이 가장 낮다고 판단한 것이다. 이 내용을 이해하기 쉽게 표로 그려 보았다.

그룹	실험내용	유병 가능성 판단
1	① 병에 걸리면 일어날 증상이 구체적이고, 이전에 경험했을 법한 내용을 읽는다. ② 증상을 읽고 난 후 자신이 3주 후에 이 병에 걸릴 가능성 정도를 10단계로 평가한다.	3
2	① 병에 걸리면 일어날 증상이 추상적인 내용을 읽는다. ② 증상을 읽고 난 후 자신이 3주 후에 이 병에 걸릴 가능성 정도를 10단계로 평가한다.	2
3	① 병에 걸리면 일어날 증상이 구체적이고, 이전에 경험했을 법한 내용을 읽는다. ② 만약 이 병에 걸린다면 3주 뒤에 자신에게 어떤 증상이 나타날지 구체적으로 머릿속에 그린다. ③ 3주 후에 이 병에 걸릴 가능성 정도를 10단계로 평가한다.	1
4	① 병에 걸리면 일어날 증상이 추상적인 내용을 읽는다. ② 만약 이 병에 걸린다면, 3주 뒤에 자신에게 어떤 증상이 나타날지 구체적으로 머릿속에 그린다. ③ 3주 후에 이 병에 걸릴 가능성 정도를 10단계로 평가한다.	4

이 실험은 고객의 머릿속에 그림을 그리도록 하는 것이 왜 중요한지 증명한다. 고객이 머릿속에 그리도록 해야 할 그림은 두 가지 경우다. 하나는 문제를 지금 당장 해결하지 않으면 앞으로 겪게 될 더 큰 곤란, 어려움, 손해를 그리게 하는 것이고, 다른 하나는 고객이 문제를 해결했을 때 얻을 수 있는 혜택, 즐거움, 기쁨을 그리게 하는 것이다. 다음과 같은 질문을 하면 고객은 앞으로 겪게 될 더 큰 어려움을 머릿속에 그릴 수밖에 없다.

- "고객님, 앞으로 증세가 더 진행하면 어떻게 될까요?"

- "고객님, 지금은 별것 아니더라도 이것을 방치하면 앞으로 어떻게 될까요?"

건강기능식품을 취급하는 영업인이라면 이런 질문으로 고객의 머릿속에 그림을 그리도록 만들 수 있다. 보험 영업을 한다면 이런 질문이 필요하다.

- "노후에 정기적인 수입이 없다고 상상해 보셨습니까? 어떤 문제가 있을까요?"
- "젊었을 때부터 재테크에 관심이 없으시면 나중에 어떤 손해가 날까요?"
- "우리나라 사람들은 암이나 심혈관계 질환으로 대부분 사망합니다. 이에 대한 대비를 안 하시면 가족을 잃은 슬픔과 생활고로 유족들은 어떻게 될까요?"

모두 고객의 상상을 자극하는 질문이라고 할 수 있다. 앞으로 닥칠 위험을 구체적으로 생각하고, 고객의 머릿속에 그 모습이 생생하게 그려지도록 질문하는 것이 중요하다. 이처럼 영업인은 제품 구매를 미루면 고객에게 어떤 손해가 있을지를 분명히 전해야 한다. 고객이 입을 손실에 대해 영업인이 직접 설명하는 방법으로도 고객의 구매 욕구를 강화할 수 있지만, 질문을 한다면 고객은 자신의 입으로 말하면서 훨씬 더 선명한 그림을 그릴 수 있다.

이제 어떻게 하면 고객이 얻을 수 있는 혜택을 그리게 할 수 있는지 살펴보자. TV 홈쇼핑을 본 적이 있을 것이다. 거기서는 제품에 대해 설명하는 것이 아니라 모델을 통해 상품을 이용하면 어떤 효과가 있는지 직접 보여준다. 모델들이 멋진 옷을 입고 단풍이 든 가로 수 길을 걷는 모습을 보여주면 고객은 자신이 그 옷을 입고 그곳을 걷는 모습을 상상한다. 이 순간에 구매 결정이 이루어진다.

주방기구를 이용하여 요리하는 장면, 운동기구에서 운동하는 장면, 맛있는 갈비를 온 가족이 둘러앉아 구워 먹는 장면은 모두 고객의 뇌를 자극하기 위하여 보여주는 것이다. 실제로 홈쇼핑 업계에 종사하는 사람들의 말에 따르면, 제품을 설명하는 순간보다 모델들이 시연하는 동안에 주문량이 늘어난다고 한다.

하지만 영업인이 고객을 만나 홈쇼핑 모델처럼 시연할 수는 없다. 따라서 고객이 머릿속으로 그림을 그릴 수 있도록 생생하게 말해야 한다. '보여주기'는 그래서 중요하다. '설명하기'와 '보여주기'가 어떻게 다른지 다음 사례를 보자.

(설명하기) "고객님께서 이 제품을 복용하시면, 관절 통증이 싹 사라집니다."

(보여주기) "이 제품을 복용하시면, 고객님께서 가고 싶은 곳 어디든지 가실 수 있습니다. 아들 집에 가서 손자들 재롱을 보실 수도 있고, 청계산의 아름다운 단풍도 보러 가실 수 있습니다."

앞의 '보여주기'에서는 고객의 관절 통증이 사라진다는 말은 없다. 그러나 고객은 이 설명을 들으며 손자 재롱을 보고 산에 올라가 단풍 구경하는 모습을 머릿속에 그릴 것이다. 이렇게 구체적이고 생생하게 말해야 고객이 머릿속에 그림을 그릴 수 있고, 구매 확률이 높아진다.

(설명하기) "이 자동차가 고객님의 품위를 높여줄 것입니다."
(보여주기) "이 ○○○(구체적인 차 이름)를 타시면, 차를 세우고 내릴 때 주변 사람들이 모두 고객님을 부러운 눈으로 바라보고, 주차 관리인이 고객님께 90도로 인사할 것입니다."

위의 '보여주기'에서는 고객의 품위를 높여준다는 설명은 없지만, 고객은 차를 타고 내리는 과정을 머릿속에 그릴 수 있다. 자신의 어깨가 으쓱하는 순간을 머릿속에 그린다면 구매 욕구가 상승할 것이다.

(설명하기) "이 시스템이 생산성을 높여줄 것입니다."
(보여주기) "이 시스템을 도입하시면, 생산성이 15퍼센트 올라갈 것입니다. 또한 불량률이 전혀 없어 회사 수익률을 올릴 수도 있습니다. 과장님은 이 시스템을 구매하여 생산성을 올린 공로로 좋은 평가를 받으실 수도 있으실 것입니다."

여기서는 단순히 '생산성을 높인다.'는 두루뭉술한 표현보다는 구체적으로 설명하여 고객의 머릿속에 그림을 그리도록 해야 한다. 또한 적절한 사례를 들어 설명하는 것도 고객의 뇌를 자극하는 생생한 설명법이다. 이야기는 어떤 설명보다도 생생하고, 친근하고, 기억하기 쉽고, 나도 그렇게 할 수 있다는 마음을 일게 한다. 이처럼 이야기는 구체적으로 해야 생생하다. 생생한 표현과 두루뭉술한 표현이 무엇인지 한눈에 볼 수 있도록 표로 정리해 보았다.

대상	두루뭉술한 표현	생생한 표현
때	• 옛날에 • 그전에 • 지난번에 • 서너 달 전에	• 1980년대에 • 3년 전에 • 일주일 전에 • 지난 3월에
장소	• 지방에서 • 어느 회사에서 • 외국에서 • 강가에서	• 강원도 고성에서 • 삼성중공업에서 • 미국에서 • 낙동강에서
사람이나 기관	• 어느 학자는 • 어느 단체 조사에 따르면 • 어느 기관의 연구에 따르면	• 심리학 박사 ○○○씨는 • 소비자 보호원 조사에 따르면 • 국과학기술연구원 연구에 따르면
기타	• 몇 개 • 서너 개 • 꽃들 • 냄새가 안 좋은 • 시끄러운 소음	• 5개 • 3개 • 진달래, 개나리, 목련 • 계란 썩은 냄새가 나는 • 밤에 우는 매미 소리만큼

다시 한 번 강조하지만, 이처럼 생생한 표현들은 고객의 머릿속에 그림이 그려지도록 도와 구매 욕구를 자극할 수 있음을 명심하도록 하자.

|2장|

고객이 스스로 사게하라

01. 체험하게 하라 | 02. 먼 미래보다 당장의 위기를 강조하라
03. 미끼 상품을 준비하라 | 04. 이익보다 손해를 강조하라
05. 고객을 틀 안으로 끌어들여라 | 06. 고객의 생각과 고객의 언어로 말하라
07. 생존과 번식 본능을 활용하라

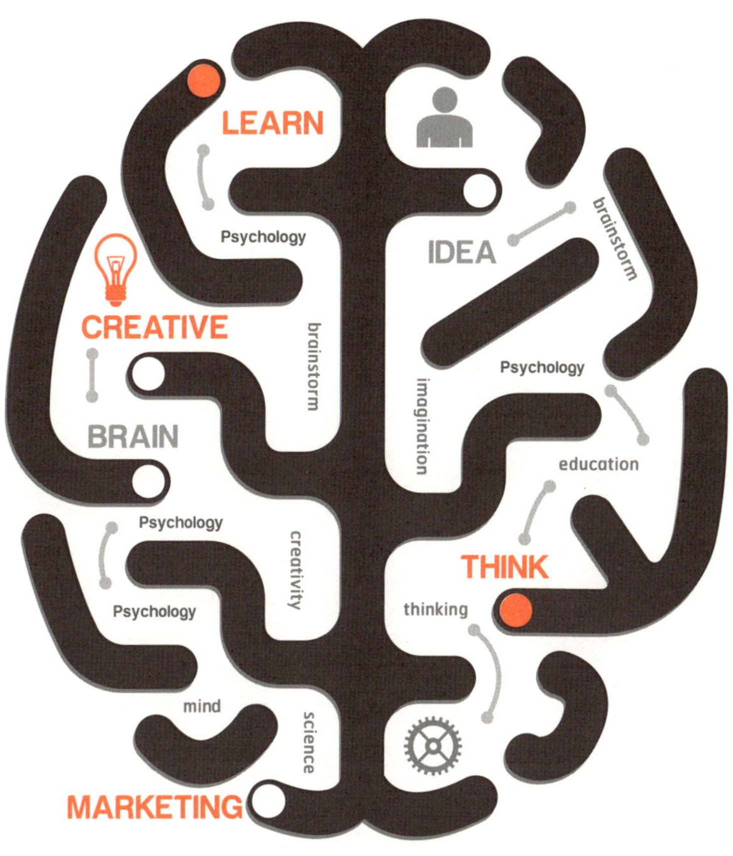

체험하게 하라

6개월 전 스마트폰을 샀다. 처음 3개월 동안 몇 가지 서비스에 의무 가입해야 한다고 해서 어쩔 수 없이 했다. 3개월 후에 탈퇴해도 된다고 했는데 나는 아직 그대로 있다. 왠지 불편할 것 같아서다. 고객들은 이렇게 무언가를 한 번 소유하고 나면 그것을 잃거나 바꾸고 싶지 않은 욕구가 있다. 자기가 소유한 것을 소유하지 않을 때보다 소중하게 생각하는 경향이 있기 때문이다. 그러니 당연히 손실을 회피하고 싶은 욕구가 생긴다. 이것을 '소유 효과' 혹은 '보유 효과'라고 한다.

우리가 막연히 알고 있는 소유 효과를 실험으로 증명한 사람들이 있다. 미국의 경제학자 크네시와 존 신덴이다. 이들은 실험 참가자를 반으로 나누어 각각 추첨권과 현금 2만 달러를 주고, 서로 거래할 수 있는 기회를 주었다. 그러나 실제로 거래한 사람은 단 한 사람도 없었다. 양쪽 모두 자신들이 소유한 물건이 상대방 물건보다 좋다고 평가한 것이다.

또 다른 실험에서도 같은 결과가 나왔다. 실험 참가자를 세 그룹으로 나누어 첫 번째 그룹에 머그컵을 주면서 400그램짜리 초콜릿 바와 교환해도 된다고 했다. 두 번째 그룹은 첫 번째 그룹과 반대로 400그램짜리 초콜릿 바를 주면서 머그컵으로 교환할 수 있는 기회를 주었다. 교환에 필요한 시간이나 별도의 수고가 들지 않도록 고안한 실험이라 거래 비용은 거의 무시해도 될 상황이었다. 또 세 번째 그룹은 두 가지 물건 중에서 자신이 좋아하는 것을 선택하도록 했다.

실험 결과, 첫 번째 그룹의 89퍼센트는 머그컵을 선호했다. 즉, 초콜릿 바와 교환하지 않았다. 두 번째 그룹에서는 90퍼센트가 초콜릿 바를 선택했다. 그들 역시 머그컵과 교환하기를 원하지 않았다. 이 결과는 언뜻 보기에 머그컵과 초콜릿에 대한 평가는 어느 한쪽으로 치우침이 없다는 것을 의미한다. 머그컵과 초콜릿 바 중에서 좋아하는 쪽을 자유롭게 선택하도록 한 세 번째 그룹에서는 거의 반반 비율로 선택한 것을 보더라도 이 사실을 충분히 뒷받침하고 있다.

그런데 정작 초콜릿보다 머그컵을 선호하는 사람은 첫 번째 그룹에서 89퍼센트, 두 번째 그룹에서 90퍼센트로 크게 차이가 났다. 이런 점을 미루어 보았을 때, 보유 효과가 강하게 작용한다는 것을 알 수 있다. 이와 같은 보유 효과는 시장의 압력이 있을 때나 학습에 의해 감소될 것이라는 주장도 있지만, 카너먼, 크네시와 세일러는 참가자 700명으로 구성한 대규모의 시장 거래 실험을 수행하여 보유 효과는 범위가 넓고 강한 현상이며, 순수 시장에서도 발생한다는 사실을 확인하였다.

필자는 책에 집착한다. 같은 책이라도 새 책을 사 가지고 와서 내 책과 바꾸자고 해도 절대 바꾸지 않는다. 책깨나 읽는 사람이라면 비슷할 것이다. 이왕이면 깨끗한 새 책이 좋을 텐데도 말이다. 타던 승용차를 판매한다고 할 때도 항상 팔려는 사람은 사려는 사람보다 비싼 가격을 제시한다. 이런 현상도 소유 의식이 낳은 결과다. 그렇다면 왜 이런 비이성적인 소유 효과가 나타날까? 그 이유를 댄 애리얼리는 『상식 밖의 경제학』에 정리해 놓았다. 그것을 살펴보자.

첫째, 이미 소유하고 있는 것에 대한 깊은 애착 때문이다. 책을 바꾼다는 것을 단순이 책만 바꾸는 것이 아니라 책을 읽으며 느꼈던 감동까지도 바꾼다고 생각한다는 것이다. 책을 읽으며 했던 생각, 밑줄을 친 것, 메모해 놓은 것이 모두 사라진다고 생각하기 때문이다.

둘째, 새로운 것을 얻는 것보다 자신의 소유물을 잃는 것에 더 집착하는 습성 때문이다. 새 책을 얻는 것은 기쁜 일이지만, 이미 소유한 책을 잃어버리는 것만큼 크지 않다는 것이다. 이미 머그컵이나 초콜릿 바를 선택한 학생들이 서로 교환하지 않으려 한 것도 마찬가지 이유로 설명할 수 있다.

셋째, 상대도 우리가 보는 관점에서 거래를 바라보리라고 생각하기 때문이다. 책은 덜하겠지만 타던 승용차를 판매할 때, 파는 사람은 사는 사람도 자신과 같이 차에 대한 추억을 공유하리라 생각한다는 것이다.

소유 효과 특성의 다른 한 가지는 많은 노력을 기울일수록 소유의식이 강해진다는 점이다. 이것을 '이케아효과'라고도 한다. 완제품보다는 어느 정도 수고하여 직접 만들 수 있는 제품을 선호하는 이유를 설명할 때, 이 개념을 사용한다. 사람들은 자신이 직접 조립한 가구에 깊은 애착을 느낀다고 한다. 시간과 노력을 쏟아 직접 만들었기 때문이다.

이런 이케아 효과는 인간이 크기·기능·상태 등 여러 기준을 따지고 물건을 선택해야 할 경우에 합리적인 의사 결정을 내리지 못하게 만드는, 일종의 인지 부조화 현상으로 해석할 수 있다. 사람은 본래 두 가지 이상의 서로 다른 것 중 하나를 골라야 하는 상황에 처했을 경우 큰 스트레스를 받는다. 이때 인지부조화가 작동하면서 합리적인 선택보다는 본능에 따른 결정을 하게 된다. 개인적인 정성이 담긴 물건에 실제보다 더 높은 가치를 부여함으로써 상태가 양호한 책상 대신 직접 조립한 책상에 더 깊은 애착을 느끼는 이유인 것이다.

세일즈에서 보유 효과와 비슷한 효과를 내는 것이 접촉이다. 영업인이 취급하는 제품을 접촉하면, 고객은 애착과 함께 소유욕이 강해진다. 소유욕이 생기면 구매할 확률이 높아지는 것은 당연하다. 옷 가게에서 옷을 한 번 입어 보라고 하는 것이나 화장품 영업인이 물건을 보여주며 고객이 만져 보도록 하는 것, 백화점에 시식코너를 만들어 놓은 것도 접촉으로 고객의 소유욕을 높이려는 것이다.

소유 효과를 활용하여 세일즈 효과를 높이려면 물건을 들고 다니는 것이 좋다. 고객의 눈앞에 물건을 쫙 펼쳐 놓는 것은 고객의 구매 욕구를 높이는 효과가 있다. 보여주고시각, 만지게 하고촉각, 냄새 맡게 하고후각, 맛보게 하고미각, 소리를 들려주는 것청각과 같이 오감을 이용한 세일즈는 높은 성과로 이어진다. 정수기를 한 달간 사용해 보고 구매 여부를 결정하라는 것이나 화장품 샘플을 사용해 보고 결정하라는 것, 자동차를 시승해보라고 하는 것들이 소유 효과를 활용한 영업 방식이다.

하지만 소유 효과를 활용하는 것도 좋지만 고객의 기분을 상하게 해서는 안 된다. 필자가 겪은 일이다. 무슨 영농조합이라는 데서 전화가 왔다. 남성에게 좋으니 샘플을 먹어 보고 산수유 엑기스 제품을 구매하라는 것이었다. 필요 없다고 말하자 샘플 2개를 보내 줄 테니 한번 맛보고 먹을 만하면 주문해도 된다고 사정해서 그러면 샘플만 보내라고 했다.

그런데 이틀 후 도착한 것은 어이없게도 본 제품이었다. 왜 본 제품을 보냈느냐고 했더니 구매 의사가 없으면 반송을 하라는 것이다. 도대체 이런 경우가 어디 있는가? 소유 효과를 활용한 영업 방법이지만, 고객에게 거짓말을 하는 것도 모자라 고객을 번거롭게 하기까지 했다. 절대 올바른 방법이 아니다.

소유 효과를 활용하는 대표적인 방법으로 고객 체험 행사가 있다. 고객들을 초청하거나 회사 견학을 가서 제품을 직접 만져 보고 사용해 보도록 하는 방법이다. 이 방법을 잘 활용한 영업인으로 백숙현 대우 일렉트로닉스 특판 본부장을 들 수 있다. 『한국의 영업왕』에 나오는 그녀의 이야기를 한번 보자.

그녀의 영업 입문 초기 별명은 '백순이'다. '제발 더도 말고 딱 백만 원만 매출을 올리라.' 는 의미에서 회사에서 붙여 주었다고 한다. 그녀는 한 달에 세 켤레의 구두를 갈아 치우며 가망고객들의 집을 청소해 주고, 고지서도 대신 내주고, 집안의 부업일도 도와주고, 김장도 해주는 등 파출부와 집사가 무색할 정도로 뛰어다녔지만 석 달 동안 냉장고 한 대 팔지 못했다.

이 같은 피나는 노력을 4개월 동안 했는데도 성과가 오르지 않아 그녀는 처음 가전 판매를 시작한 면목 대리점을 그만두는 좌절을 겪어야 했다. 그 후 그녀는 자신만의 차별화된 영업 방법(고객을 발굴하고 접근하는, 그리고 고객의 충성도를 높이기 위한)을 끊임없이 개발하고 실천한 결과 한 해에 200억 원이 넘는 매출을 올리는 영업 달인의 경지에 오를 수 있었다.

면목 대리점을 그만둔 백숙현 씨는 여의도에서 영업을 다시 시작하였다. 이때부터 '비디오 대여' 이벤트를 시작으로 '재롱잔치', '컴퓨터 무료강좌', '컴퓨터 경진대회', '공장 방문', '전자레인지 요리강습', '미스 미스터의 밤', '푸른 신호등 노래자랑' 등 수백 회의 이벤트를 개최하였다.

그중 공장 방문 이벤트는 2000년까지 200회 넘게 개최하여 공장 방문 전도사라는 새로운 별명을 얻게 되었다고 한다. 공장 방문 1회에 평균 40명을 초청하였으니 8,000명이 넘는 가망고객들을 발굴한 것이다. 맨 처음 공장 방문 대상은 여의도 주요 아파트 단지의 통·반장들 40명이었다. 대략의 일정은 차량 편으로 이동, 공장 견학, 점심 식사, 차량 이동 중 레크리에이션과 노래자랑, 그리고 선물 증정과 고객카드를 작성하는 것이었다.

이런 일정으로 2회, 3회, 7~8회까지 진행하는 동안 공장 방문 대상(가망고객)을 발굴하는 것은 쉬웠는데(갔다 온 사람들이 자동적으로 홍보를 해서 신청이 저절로 많이 들어왔다 함), 문제는 공장 방문에 들인 시간과 노력, 비용에 비해 효과가 크지 않다는 것이었다고 한다. 얼굴 정도는 익힐 수 있었지만 친분을 쌓기에는 시간이 부족했고, 대부분 사람들은 고객카드도 잘 써주지 않으려고 했다는 것이다.

그래서 백숙현 씨는 자신이 레크리에이션을 배워 게임을 직접 진행하면서 가망고객들과 친해지기 위해 노력했고, 게임에 대한 시상식은 공장 방문 후, 회사 빌딩으로 가서 해산식 직전에 했다. 실제로 회사 빌딩에서 시상식을 한 뒤부터 판매가 일어나기 시작했고, 공장에 갔다 온 사람들 중 가전제품을 바꿀 때 연락해 오는 사람들이 점점 늘어났다. 그 결과, 여의도로 옮긴지 일 년 만에 가망고객 천 명을 발굴했다.

200회가 넘는 공장 방문 이벤트는 백숙현 씨 자신이 주부 판매사원인지, 아니면 공장 견학 안내인인지 헷갈릴 정도로 오랫동안 장기적으로 진행된 가망고객 발굴 이벤트였다. 공장 방문 이벤트를 통해서 새로운 이벤트를 개최하기도 했다. 개인택시 기사 부부 동반 공장 방문이 대표적이다.

개인택시 기사 부부 동반 공장 방문은 인기가 아주 높아 밀려드는 신청을 소화하느라 매일 서울과 구미를 왕복해야 할 정도였다고 한다. 이렇게 해서 천 명이 넘는 개인택시 부부를 가망고객으로 확보하였다. 백숙현 씨는 여기서 그치지 않고 이들을 대상으로 부부 동반 노래자랑 이벤트인 '푸른 신호등 노래자랑'과 '개인택시 기사를 위한 축구대회' 등의 이벤트도 계속 개최하였다. 가히 이벤트의 여왕으로 불릴 만하지 않은가?

대부분의 영업인들은 가망고객을 보면 '저 사람에게 무엇을 어떻게 팔 것인가'를 먼저 생각한다. 이런 생각을 갖고 가망고객을 만나면 마음이 급해지게 된다. 설사 팔고자 하는 마음을 숨기려고 해도 가망고객 역시 바보가 아니므로 바로 눈치채게 된다. 그리고는 오히려 경계심과 부담감을 갖고 빨리 만남을 끝내려고 한다.

그러나 영업의 달인일수록 가망고객에게 무엇을 팔 것인가를 먼저 생각하는 게 아니라 고객에게 어떤 도움과 즐거움 그리고 감동을 줄 것인가를 먼저 생각하고 행동한다. 백숙현 씨 또한 이런 다양한 이벤트 개최를 통하여 자신의 가망고객들에게 즐거움과 흥겨움을 제공하는 데만 충실하였다. 백숙현 씨는 이런 이벤트를 통해 물건을 사라고 강권해 본 적이 없다고 한다. 오히려 가망고객들이 먼저 사겠다고 요청해 온 경우들이 대부분이라고 한다.

사람들은 무언가를 한 번 소유하면 소유하지 않을 때보다 더 소중하게 생각한다. 또한 한 번 소유하면 잃고 싶어 하지 않는다. 소유 효과를 제대로 활용하려면 고객이 제품을 만져 보고 냄새 맡게 하고, 직접 눈으로 보게 하고, 몸으로 체험하게 해야 한다. 고객이 자사 공장을 견학하게 하는 것도 고객 발굴에 있어 효과적인 방법이다.

먼 미래보다
당장의 위기를 강조하라

노령화가 급속히 진행되면서 한국 사회의 가장 큰 문제로 노인 문제를 꼽고 있다. 물론 지금의 30~50대가 앞을 내다보고 노후를 준비한다면 큰 문제가 없겠지만, 지금 당장 살기 바쁜 이들이 노후를 준비한다는 것은 만만찮은 일이다. 생각은 있겠지만, 먼 훗날의 문제로 생각하기 때문에 체감조차 못하는 현실이다.

사람들의 마음속에는 몇 가지 통장이 있다. 이것을 '심적 회계'라고 한다. 대표적인 예가 일 년 후 얻게 될 20만 원보다 현재 갖게 될 10만 원을 더 선호하는 것이다. 왜 이렇게 생각하는 것일까? 현재의 10만 원은 지금 사용하면 바로 만족을 얻을 수 있지만(이것을 경제학에서는 '효용'이라고 한다), 일 년 후 20만 원은 현재만큼 만족을 얻을 수 있을지 확신할 수 없기 때문이다. 또한 일 년 후 실제로 그

돈을 얻게 될지 확신할 수 없으니 당장 손에 쥘 수 있는 10만 원을 더 선호할 수밖에 없다.

또한 같은 돈이라도 길에서 주운 10만 원과 내가 애써서 번 10만 원을 다르게 느낀다. 애써 번 돈을 더 소중하게 생각한다. 범죄자들이 쉽게 번 돈을 대부분 유흥비로 날리는 것이나 복권 당첨자들이 몇 년 못 가 거지 신세가 되는 것도 바로 심적 회계 때문이다. 당신도 세일즈에서 사람들의 심적 회계를 적절히 활용하면 좋은 성과를 얻을 수 있다.

건강기능식품 사업을 할 때, 나는 성과가 좋은 영업인과 나쁜 영업인 사이에 뚜렷하게 다른 점 하나를 발견했다. 성과가 좋은 영업인은 서너 가지 제품을 한꺼번에 권하는 반면, 성과가 낮은 영업인은 한두 개 제품만 권한다는 것이다. 물론 여기에는 제품에 대한 자신감도 작용했겠지만, 고객의 심리를 이용하는 세일즈 기술을 적용한 것이라고 할 수 있다. 즉, 처음에 많은 제품을 권해 고객이 부담을 느끼면 한두 개 빼주는 식이다. 그러면 고객은 심리적으로 싸다고 느끼게 된다.

건강기능식품을 살 계획이 전혀 없는 고객이 당신을 만났다고 가정해 보자. 그 고객에게는 80만 원도 큰돈이고, 150만 원도 큰돈이다. 고객을 지나치게 배려한 나머지, 혹은 정말 많은 제품을 권해 고객이 부담을 느끼면 구매를 거절할 것 같은 불안감에 80만 원어치만 권했다고 치자. 고객은 이 돈도 부담돼 제품 수를 줄이거나 가격을 깎으려 할 것이다. 그러므로 실제 매출액은 80만 원보다 더 떨어질 수밖에 없다.

만약 150만 원어치를 권했다면 어떨까? 고객이 부담을 느끼기는 매한가지다. 이때 그 제품들을 사야 하는 이유를 애써 설명하여 판매에 성공하는 방법도 있겠지만, 불가피하게 제품 수를 줄여야 할 때도 있을 것이다. 그때 한두 가지 빼줘 90만 원 정도라면 150만 원어치를 사려던 고객은 부담이 확 줄어드는 느낌을 받을 것이다. 당연히 구매 가능성이 높아진다.

끼워 팔기도 심적 회계를 활용하는 영업 방법이다. 양복을 살 때 판매원은 어김없이 심적 회계를 활용한다. 비싼 양복을 구매하고 결제를 하려는데, 판매원이 "이 양복에 잘 어울리는 이 와이셔츠와 넥타이는 어떠세요? 이 넥타이가 원래는 7만 원짜린데 양복을 사셨으니 특별히 5만 원에 드릴게요."라고 한다면, 대부분 살 수밖에 없을 것이다. 이미 비싼 양복을 샀는데 그까짓 것 더 못 사겠느냐는 심적 회계가 작동하는 것이다.

이런 고은 화장품이나 건강기능식품을 판매하는 영업인들도 써먹을 만하다. 그렇다고 모두가 끼워 팔기에 넘어오는 것은 아니다. 하지만 실패했다고 손해 볼 것은 없으니 해 볼 만하지 않겠는가. 밑져야 본전이니 말이다.

세일즈에서 심적 회계를 이용하는 방법 중 또 하나는 먼 미래의 일보다 곧 닥칠 위험을 경고하는 것이다. 철학자 데릭 파핏은 사람들이 현재의 자신과 미래의 자신을 다른 사람으로 받아들일 수 있고, 그 관계는 자신과 타인의 관계와 같다고 주장한다. 그리고 자신과 타인의 관계가 소원해지듯이 현재의 자신과 미래의 자신도 어느 정도 먼 관계이기 때문에 미래의 자신이 얻게 될 효용을 현재의 자신이 할인해서 생각하는 것은 극히 자연스러운 현상이라고 주장한다.

앞에서 말한 노후 문제도 이런 심적 회계가 작용한 결과다. 이러니 상품을 상담할 때 "먼 미래를 위해 지금부터 건강관리를…….", "나중을 위해서 이 보험을……."이라고 말해 봤자 먹힐 리 없다. 20대 젊은이에게 60대 이후에 받게 될 연금에 대해 이야기하면 먹히겠는가? 20~30대에게 50대가 되어 골다공증에 걸릴 수도 있으니 지금부터 칼슘제를 먹어야 한다고 한다면?

기독교 전도자들은 단 5분 후 인생도 알 수 없다며 오늘 밤 죽을 수도 있으니 지금 당장 신을 영접하라고 말한다. 이것도 심적 회계를 활용한 전도 방법이다. 이와 마찬가지로 당신도 고객이 구매를 미루고자 할 때, 다음과 같이 지금 당장 구매해야 하는 이유를 제시해야 한다.

- "고객님 사고는 예고 없이 찾아옵니다. 자꾸 미루실 일이 아니에요. 그렇지 않습니까?"
- "차는 안전이 가장 중요합니다. 차가 이렇게 잔고장이 많은데 굴러만 간다고 계속 타시려고요?"
- "주변에서 아무 증세가 없었는데, 몹쓸 병으로 진단받는 것을 여러 번 봤어요. 건강은 당장 오늘부터 관리해야 하지 않을까요, 고객님?"

이미 언급했듯이, 고객은 얻게 될 이익보다 잃게 될 손실을 더 크게 느낀다. 더욱이 먼 미래의 손실보다는 지금 당장의 손실을 더 크게 체감한다. 좋은 기회를 놓치면 안 된다는 심리를 이용하는 대표적인 것이 홈쇼핑 채널에서 수시로 나오는 '매진 임박'이라는 자막이다. 소파에 앉아 넋 놓고 홈쇼핑을 보던 사람이 '매진 임박', '마지막 찬스', '놓치면 후회'같은 문구를 보다 보면, 지금 당장 사지 않으면 큰 손해를 볼 것 같은 위기감에 구매를 결정한다.

필자가 아는 한 화장품 영업인은 제품이 늘 하나밖에 없다는 사실을 강조한다. 이런 식이다.

"고객님, 지금 회사 차원에서 주름 개선 화장품 판촉행사를 하고 있어요. 이 제품을 구매하는 고객님께는 립스틱을 하나씩 더 드리는 행사인데, 제가 사무실을 나설 때 보니 얼마 안 남았더라고요. 지금 당장 결정하지 않으면 립스틱 한 개 손해 보시는 거예요. 제가 지금 전화 걸어 볼게요. 몇 개가 있나."

그리고 사무실에 전화를 한다. 그러면 사무실에서 전화를 받는 사람은 다 나가고 하나밖에 남지 않았다고 회답해 준다.

"고객님, 다 나가고 하나밖에 안 남았대요. 빨리 결정하셔야 해요."

이러면 안 사고 배길 재간이 없다. 이 영업인은 고객의 심리를 최대한 이용하여 세일즈에 성공한다.

신용카드 결제를 유도하는 것도 매출을 올릴 수 있는 방법이다. "외상이면 소도 잡아먹는다."는 속담을 생각하면 왜 그런지 금방 이해가 갈 것이다. 일단 결제일은 한참 남았고 지금 당장 내 주머니에서 돈이 나가는 것도 아니니 고객은 구매 욕구가 당길 가능성이 높다. 결제는 먼 미래의 일이 아닌가. 이처럼 당장 큰돈이 없어 구매할 수 없다면 신용카드를 사용해서라도 지금 당장 이 상품을 사지 않으면 큰 손해를 입게 된다는 식으로 심적 회계를 잘 활용한다면, 성공적인 영업에 한걸음 더 다가설 수 있다.

미끼 상품을 준비하라

비슷비슷한 상품 중에서 더 나은 것을 고르는 일은 스트레스다. 즉, 숙고체계는 많은 에너지 사용을 요구해 고객을 피곤하게 한다. 이럴 때 고객은 직관체계를 사용하려고 한다. 에너지를 적게 사용하려는 의지는 석기시대 때부터 유전자를 타고 내려오는 본능이다. 따라서 세일즈 과정에서 고객이 이것저것 비교하며 스트레스를 받지 않도록 미끼 상품을 활용한다면 성과를 높일 수 있다. 다음에 제시한 보험 상품을 보자.

가족사랑보험 : 월 보험료 78,000원(35세 기준), 만기 환급형

• 특별한 특약 없이 재해사망, 재해장애, 일반사망 보장

• 암 진단비와 수술비 보장

• 5대 중증질환 보장

　당신이 이 제품 하나만을 놓고 설명한다면 고객은 뭐가 좋은 것인지 쉽게 이해할 수 없다. 보험은 다 그런 것인 줄 안다. 그런데 다음의 보험 상품과 비교해 보면 '가족사랑보험'이 얼마나 좋은 상품인지 금방 알 수 있다.

가족건강보험 : 월 보험료 78,000원(35세 기준), 만기 환급형
• 특별한 특약 없이 재해사망, 재해장애, 일반사망 보장
• 암 진단비와 수술비 보장(특약에 가입할 경우)
• 5대 중증질환 보장(특약에 가입할 경우)

　앞의 가족건강보험은 가족사랑보험과 같은 보험료를 내지만, 재해사망, 재해장애, 일반사망만 보장하고, 암 진단비와 수술비, 5대 중증질환은 별도 특약을 가입해야 보장받을 수 있다. 이 상품과 비교하면 가족사랑보험이 얼마나 더 좋은지 금방 알 수 있을 것이다.

　고객이 두 가지 상품을 두고 결정을 못하는 경우도 있을 수 있다. '갑'은 가격이 비싸지만 품질이 우수하고, '을'은 가격이 싸지만 품질이 다소 떨어지는 경우처럼 말이다. 고객은 '갑'과 '을' 중에서 무엇을 고를지 고민하고, 당신은 '갑'이 팔리기를 바란다면 '갑'과 비슷하지만 '갑'보다는 품질이 다소 떨어지는 미끼 상품을

내밀어야 한다. '을'은 비교 대상이 없어서 판단하기 어렵지만, 미끼 상품과 비교하면 좋은 상품이라는 것이 드러나므로 결국 고객은 '갑'을 선택할 것이다.

세계적인 경제학자 댄 애리얼리는 『상식 밖의 경제학』에서 사람들이 미끼 상품에 걸려드는 재미있는 사례를 소개하고 있다. 그중 하나가 바로 「이코노미스트」 인터넷 판에 나오는 다음의 광고다.

> · 온라인 정기구독 59달러. 온라인 일 년치 정기구독에 1997년 이후의 모든 기사 검색 가능
> · 오프라인 정기구독 125달러. 인쇄물 형태의 「이코노미스트」 일 년 정기구독
> · 오프라인과 온라인 정기구독 125달러. 인쇄물 형태의 「이코노미스트」 일 년 정기구독과 온라인에서 1997년 이후 모든 기사 검색 가능

구독 유형을 하나씩 살펴보자. 첫 번째 유형인 59달러짜리 인터넷 판 정기구독은 비교적 합리적으로 보인다. 125달러짜리 두 번째 유형은 다소 비싼 듯하지만 큰 무리는 없다. 그런데 세 번째 유형을 보라. 125달러에 인쇄물도 받아 볼 수 있고, 인터넷으로도 기사를 볼 수 있다. 앞의 두 번째 유형과 비교하여 같은 가격에 인쇄물과 온라인을 다 구독할 수 있는데 어떤 사람이 인쇄물만 정기구독을 하겠는가.

만약 온라인 정기구독과 오프라인 정기구독만 제시했다면 고객은 고민을 해야 했을 것이다. 생각하는 것은 그 자체로 피곤한 일이다. 그래서 「이코노미스트」는 온·오프라인이 모두 가능한 복합

상품을 제시하여 고객의 골칫거리를 없애 주었다. 어쩌면 그들은 인간이란 존재가 절대적 판단 기준에 의해 뭔가를 선택하는 일이 드물다는 것을 꿰고 있었던 것이 아닐까?

우리 인간에게는 물건 고유의 가치를 알려주는 계측기가 없다. 그래서 다른 것과 비교하여 상대적으로 더 좋은 것에 주목하고, 그에 따라 가치를 매긴다. 가구를 사러 가서 비싼 가구를 본 다음에 싸구려 가구를 쉽게 사지 못하는 것도 인간의 비교 심리 때문이다.

「이코노미스트」에 있어 59달러짜리 온라인 정기구독이 125달러짜리 오프라인 정기구독보다 더 이익인지 판단할 수는 없지만, 125달러에 온라인과 오프라인 둘 다 정기구독을 할 수 있다는 것이 같은 가격에 오프라인 형태의 정기구독만 하는 것보다는 훨씬 이익이라는 것쯤은 분명히 알 수 있다. 패키지 정기구독을 하면 인터넷 정기구독이 무료라는 사실을 금방 알 수 있기 때문이다.

하지만 이것은 어디까지나 추측이다. 댄 앨리어스는 대학생 100명을 상대로 실험을 했다. 앞의 선택 문항을 제시했을 때 대학생들은 어떤 선택을 하는지 알아본 것이다. 그 결과는 다음과 같았다.

- 온라인 정기구독 - 16명
- 오프라인 정기구독 - 0명

대학생들은 모두 오프라인 정기구독보다 패키지가 더 이익이라고 판단했다. 그러면 미끼상품을 빼고 선택하라고 했을 때는 어떤 결과가 나왔을까?

- 온라인 정기구독 - 68명
- 오프라인 정기구독 - 32명

치과에 가면 상담 직원은 「이코노미스트」와 같은 방식으로 고객을 대한다. 다음과 같이 말이다.

- A사에서 제작한 임플란트 - 98만 원
- B사에서 제작한 임플란트 - 215만 원
- C사에서 제작한 임플란트 - 390만 원

당신이라면 어떤 것을 선택하겠는가? A사의 것은 값이 싸서 미덥지 못하고, 그렇다고 C사의 것으로 하자니 경제적으로 부담돼서 대부분은 중간 것을 선택한다. 여기에는 극단을 회피하려는 인간의 심리가 깔려 있다. C사의 것이 B사의 것을 선택하게 하는 미끼 상품으로 작용한 것이다. 치과에서는 고객이 B사의 것을 선택했을 때 이익이 가장 많을 것이다.

대부분의 사람들은 고객이 구매를 하려고 할 때 선택 안이 많으면 유리할 것이라고 생각한다. 하지만 선택 안이 너무 많을 경우

오히려 구매 효과는 떨어진다. 대형 서점에 가면 책을 사기가 어렵다. 책들이 많아 이것도 사고 싶고 저것도 사고 싶어 애를 먹는다. 이것을 과학적으로 실험한 학자들이 있다. 아이엔거와 마크 레퍼다. 다음은 그들의 실험 내용이다.

슈퍼마켓에서 한 진열대에는 잼 여섯 종류를, 다른 진열대에는 잼 스물네 종류를 진열한 다음에 일 달러 할인권을 건네주고 쇼핑객들에게 시식을 하게 했다. 두 진열대는 한 시간마다 자리를 바꿔 놓았다. 진열대가 있는 통로를 지나간 242명 중 40퍼센트가 잼 여섯 종류가 놓인 진열대를 방문한 것에 반해 60퍼센트는 스물네 가지 잼이 놓인 진열대를 방문했다. 즉, 처음에는 잼 종류가 많은 쪽에 매력을 느꼈던 것이다. 그러나 여섯 종류의 잼이 놓인 진열대를 방문한 손님 중에 실제로 구입한 사람은 30퍼센트였지만, 스물네 종류의 잼이 놓인 진열대를 방문한 손님 중에 실제로 구입한 사람은 단 3퍼센트에 불과했다. 소비자는 다양한 선택 안이 마련된 쪽에 더 매력을 느끼지만, 선택 안이 너무 많으면 결정을 내리기가 더 어렵게 된다.

영업인들은 일반적으로 고객에게 여러 상품을 권하고 싶어 한다. 이런저런 제품을 다 꺼내 놓아야 고객의 선택 폭이 넓어져 판매에 유리할 것이라고 생각한다.

그러나 실험 결과만 봐도 이런 방식은 판매에 도움이 되지 못한다는 것을 알 수 있다. "무엇을 살지 생각해 봐야겠어요.", "이 중에서 무엇이 적합한지 집에 가서 상의해 보고 연락 드릴게요." 같은 말을 들을 수도 있다.

그러면 고객은 진짜 집에 가서 생각을 할까? 집에 가서 가족 중 누구와 상의할까? 정말로 가족과 상의하는 사람보다 하지 않는 사람이 더 많을 것이다. 그리고 하룻밤 자고 나면 기존의 구매 욕구는 곤두박질칠 것이다. 그러면 "다음에 할게요."라는 대답을 들을 수밖에 없다.

이익보다 손해를 강조하라

광고만 보고 재미있을 것 같아서 영화를 보러 갔다가 10분 정도 보고 나서 속았다는 생각이 들 때가 있다. 하지만 재미가 없는데도 선뜻 자리를 박차고 나오지 못한다. 영화비를 손해 보기 싫은 심리 때문이다. 보험에 가입한 뒤 중도 해지를 하고 싶어도 원금을 손해 보니 마지못해 보험료를 납입하는 경우도 마찬가지다. 이와 같이 이미 들어간 돈이 아까워서 멈추지 못하는 것을 '매몰비용 효과'라고 한다.

당신도 이런 경험이 한두 번은 있을 것이다. 지금까지 해 놓은 것, 기다린 것, 들어간 돈이 아까워서 손해가 분명한데도 포기하지 못했던 경험 말이다. 이런 현상은 이익보다도 손실을 더 강하게 평가하는 심리 때문이다. 액수가 같은 손실과 이익이 있다면 손실액으로 생긴 불만족이 이익금으로 생긴 만족보다 더 크게 느껴진다는 뜻이다. 학자들의 실험에 따르면, 보통 2.5배 차이가 나는 것으로 밝혀졌다. 손해에 대한 두려움이 이익에 대한 욕구보다 2.5배나 더 강하기 때문에 사람들은 영화가 재미없어도 끝까지 자리를 지키는 것이다. 이런 현상을 '콩코드 효과'라고도 부른다. 왜 그렇게 불리는 것일까?

콩코드 여객기는 1969년 영국과 프랑스가 큰마음 먹고 개발을 시작한 초음속 여객기다. 파리에서 뉴욕까지 7시간 이상 걸리는 비행시간을 3시간대로 줄이겠다는 계획이었다. 사실 처음 계획을 발표했을 때부터 들어가는 돈에 비해 수익성이 낮다는 의견이 많았다. 중간에 개발을 중단해야 한다는 비판이 많았고 경제성이 없다는 것도 예상했지만, 이미 어마어마한 돈이 들어간 상태라 쉽게 포기할 수 없었다. 개발하는 데 많은 돈이 들어갔으니 항공료는 일반 여객기보다 훨씬 높았다. 비싼 값을 내고 초음속 여객기를 타려는 승객은 많지 않았다. 결국 많은 적자를 내고 운항을 포기했다.

이렇게 매몰비용 효과, 즉 콩코드 효과가 발생하는 이유는 뭘까? 이것을 알면 고객 심리를 활용하여 세일즈 성과를 높일 수 있지 않을까? 전문가들에 따르면, 그 이유는 이렇다.

첫째, 자신의 선택이 옳았다는 것을 보여주고 싶은 욕구 때문이다. 사람은 누구나 자신의 결정이 잘못됐다는 것을 인정하고 싶지 않다. 이미 들어간 돈, 매몰비용을 포기한다는 것은 자신의 선택이 잘못됐다는 것을 인정하는 것이므로 선뜻 포기할 수가 없는 것이다.

그러므로 당신의 고객이 이미 타사 제품을 구매하여 사용하고 있더라도 절대 비난해서는 안 된다. 고객은 자신의 선택이 옳았다는 것을 증명하려 할 것이고, 당신은 고객의 실수를 지적하려 할 것이니 자연히 논쟁으로 이어질 수밖에 없다. 물론 전문가인 당신이 이길 수도 있을 것이다. 그러면 잠시 승리에 취해 만세를 부를 수는 있겠지만, 계약은 영영 물 건너간다. 차라리 다음과 같이 말하라.

"고객님, 잘 선택하신 겁니다. 얼마나 많이 생각해 보고 결정했겠어요. 혹시 사용하시다가 불편한 것은 없었나요?"

이렇게 기왕에 제품을 구매했다면 칭찬을 해주고 혹시 불편한 점이 없느냐고 질문하면서 틈새를 파고 들어가야 한다. 자사 제품을 막 계약한 직후라도 마찬가지다. 고객은 제품을 구매한 후에도 제품을 제대로 산 것인지 잘못 산 것인지 고민한다. 이때 그 판단을 지지하는 한마디는 매우 중요하다. "잘 선택하신 겁니다.", "오늘의 투자가 고객님께 큰 이익을 드릴 겁니다."와 같은 한마디가 고객의 불안감을 깨끗이 씻어 줄 것이다.

둘째, 낭비를 회피하고 싶은 욕구 때문이다. 구매 과정에서 비싼 돈이 들어가면 쉽게 버리지 못한다. 특히 초기 비용이 비싸면 고객은 중간에 포기하지 않는다. 따라서 계약금을 받아 두는 것도 한 가지 방법이다.

마일리지나 포인트를 적립하는 것도 한 방편이다. 이것을 '수단의 극대화'라고 한다. 때때로 포인트나 마일리지가 더 중요한 목적이 되는 경우가 있다. 대표적인 것이 캐시백이다. A사의 신용카드로 주유를 하면 주유 금액의 몇 퍼센트를 적립해 주는 캐시백이 있었다. 그것이 만 원 이상 모이면 가족끼리 나가서 치킨을 사 먹었는데, 그 재미로 A사의 신용카드로 열심히 기름을 넣었던 기억이 있다.

매몰비용 효과를 효율적으로 활용하려면 고객과 상담할 때 구입했을 때 얻을 수 있는 이득을 설명하는 한편, 구입하지 않았을 때 얼마나 손해를 보는지 다음과 같이 보여줄 필요가 있다.

- "고객님, 차가 오래돼서 외관이 지저분하면 비즈니스를 하는 데 좋지 않은 인상을 주지 않을까요?"
- "이번 기회를 놓치면 손해를 보십니다. 첫째는……."
- "지금 보험을 해약하시면 원금 손실이 있습니다. 아깝지 않으세요?"

지금까지 말한 것처럼, 고객은 이익보다 손해를 더 크게 느낀다. 그러니 제품 구매를 고민하는 고객에게는 구매하지 않았을 때 입게 될 손해를 강조할 필요가 있다.

고객을 틀 안으로 끌어들여라

어떤 가톨릭교회에 젊은 신부가 두 명 있었다. 이들은 사소하지만 나쁜 버릇이 있었다. 담배 피우기를 너무 좋아해서 기도하는 순간에도 담배를 피우고 싶어 했다. 신앙심이 깊었던 신부들은 주교에게 허락을 받기로 했다. 첫 번째 신부가 주교에게 가서 이렇게 물었다.

"주교님, 제가 주님께 기도를 올리는 동안에 담배를 피워도 되겠습니까?"

즉시 안 된다는 대답이 돌아왔다. 두 번째 신부는 한참을 생각하다가 주교에게 가서 이렇게 물었다.

"주교님, 제가 담배를 피우는 동안에 기도를 해도 되겠습니까?"

그러자 주교는 "당연히 그래도 됩니다."라고 대답했다.

하노 벡이 쓴 『충동의 경제학』에 나오는 이 이야기는 문제를 표현하는 방식이 의사 결정에 영향을 미친다는 사실을 잘 보여주고 있다. 똑같은 내용이지만 말하는 방식에 따라 고객이 받아들이는 것은 천차만별이다. 이것을 '프레이밍framing, 틀 만들기, 구조화 효과'라고 한다.

우리가 아는 가장 흔한 예로는 물이 반 정도 담긴 컵을 보며 "물이 반밖에 없네."와 "물이 반이나 있네."라고 말하는 것을 들 수 있다. 같은 상황을 부정적으로 볼 수도 있고, 긍정적으로 볼 수도 있다는 이야기다. 고객들이 '75퍼센트 지방 함유'보다 '저지방 25퍼센트' 우유를 더 선호하는 것도 같은 맥락이다.

그렇다면 프레이밍 효과를 세일즈에 어떻게 활용할 수 있을까? 고객의 결정 기준을 바꾸는 데 활용하면 좋다. 예를 들어, 가격은 다소 높지만 연비가 월등한 자동차를 판매한다고 가정해 보자. 고객은 가격이 저렴한 자동차를 원하고 있다. 고객의 결정 기준은 가격인 셈이다. 이럴 때 당신은 다음과 같은 말로 고객의 결정 기준, 즉 프레임을 당신에게 유리한 방향으로 바꿔야 한다.

"다른 제품과 달리 자동차는 오랜 기간 이용합니다. 기름을 한 번 넣을 때마다 발생하는 이익을 자동차 이용 기간으로 환산하면 훨씬 더 이익입니다."

이 글을 쓸 때쯤 담배 값 인상 문제가 뜨거웠다. 세일즈 책에서 시사 문제를 다루는 것이 약간 껄끄럽기는 하지만 프레이밍 효과를 설명하려니 어쩔 수 없다. 그렇다면 정부가 담배 값을 올리려는 진짜 이유는 무엇일까? 조선일보에 실린 선문 대학교 언론광고학부 황근 교수의 칼럼을 보자.

정부가 최근 발표한 담배 값 2,000원 인상안을 놓고 온 나라가 다시 시끄럽다. 가뜩이나 세월호 갈등으로 피로감이 극도에 달해 있는 국민들을 더욱 짜증나게 만들고 있다. 정부는 OECD 국가들 중에 가장 높은 흡연인구 비율을 낮추기 위해서 불가피한 인상이라고 강변하고 있다. 대부분의 국민들은 이를 곧이곧대로 믿고 있는 것 같지는 않다. 도리어 국민 건강을 핑계로 조세수입을 늘려 보겠다는 얄팍한 꼼수라고 생각하는 사람들이 더 많아 보인다.

'백해무익' 아니 '만병의 근원'이라 할 수 있는 흡연인구를 줄여 보겠다는 데 반대할 사람은 아마도 거의 없을 것이다. 솔직하게 말하면, 그동안 독점 전매구조 아래 담배로 돈을 벌어 온 국가가 잘못되었다는 지적이 백 번 옳은 말일 것이다. 물론 이런 불합리한 국가 독점구조를 만들어 놓은 것은 일제라는 점에서 지금 정부만의 잘못은 아니다. 또 해방 이후 아무 것도 가진 것이 없던 시절에 담배 수입으로 국가 재정을 유지해야 했던 불가피성도 어느 정도 인정된다.

담배 수입은 국민의 건강을 담보로 국민을 먹여 살리는 지극히 모순된 어쩌면 '필요악' 같은 것이라 할 수 있다. 그런데 더 재미있는 것은 지금뿐만 아니라 역대 정부 모두 담배 값을 올릴 때마다 항상 국민 건강을 내세웠다는 것이다. 하지만 정말 국민 건강을 위한다면 정부가 담배 독점사업을 중단하거나 아니면 담배 판매 자체를 금지시키는 것이 맞다.

정부도 담배 값을 2,000원 인상하면 금연 홍보 같은 국민 건강 사업을 더 확대하겠다고 한다. 그런데 그 비용은 담배 값 인상으로 늘어나는 세금 2~3조 원에 비해 '새 발에 피'도 안 되는 몇 백억 수준에 불과하다. 겉으로 내세우고 있는 국민 건강 어쩌고 하는 말들은 그냥 듣기 좋으라고 하는 소리일 뿐이고 결국 국세를 늘리겠다는 꼼수라는 비판이 나올 수밖에 없는 것이다. (후략)

이 주장이 옳고 그르고를 가리자는 것이 아니고, 정부가 '프레이밍 효과'를 활용하고 있다는 점을 보여주려는 것이다. 정부는 담배 값을 올리려는 목적을 국민이 거부할 만한 '세수 확보'를 '국민의 건강 증진'으로 프레이밍하고 있다.

프레이밍 효과를 활용하려면 질문의 형식도 중요하다. 다음 두 가지 질문을 비교해 보자.

- 건강기능식품은 효과가 있습니까?
- 건강기능식품은 효과가 없습니까?

- 보험에 가입하여 이익을 보신 적이 있습니까?
- 보험에 가입하여 손해를 보신 적인 있습니까?

두 쌍의 질문에서 1)번 질문은 고객한테 긍정적인 기억을 떠오르게 한다. 반면 2)번 질문을 받은 고객은 안 좋은 사례를 찾아내려고 할 것이다. 영업인이라면 당연히 1)번 질문으로 고객의 머릿속에 긍정적인 사례들이 그려지게 해야 한다. 그래야 취급하는 상품에 호감을 보일 것 아닌가.

고객을 유리한 틀 안으로 끌어들이는 방법으로는 '앵커링 효과'도 있다. 배가 닻을 내린 곳에서 밧줄 길이 한도 내에서 머물 듯 인간의 생각도 처음 얻은 정보에서 크게 벗어나지 않는다. 어떤 판단을 하려고 할 때, 처음 입력된 정보가 판단의 근거가 되어 영향을 미치는 앵커링 현상은 우리 주변에서도 얼마든지 찾아볼 수 있다. 다음 두 질문을 보자.

- 을지문덕 장군이 90세를 넘게 사셨는가?
- 을지문덕 장군이 50세를 넘게 사셨는가?

1)번 질문을 받은 사람이 2)번 질문을 받은 사람보다 을지문덕 장군이 사망한 나이를 더 높게 잡을 것이다. 이처럼 우리는 어떤 값을 추측할 때 외부에서 기준으로 삼은 숫자에 영향을 받는다. 그 숫자가 의미가 있든 없든 상관없이 말이다.

가격이 정확하게 정해지지 않은 제품들, 예를 들어 부동산이나 골동품의 거래 가격은 팔려는 사람이 먼저 부르는 가격 언저리에서 결정되기 쉽다. 특히, 골동품은 가격 추산이 어렵다. 가격을 높게 책정하면 가치가 더 높을 것이라고 판단할 수밖에 없는데 이것도 앵커링 효과의 영향이다.

일본의 행동경제학자인 도모노 노리오가 쓴 『행동경제학』에서 노스크래프트와 닐이 한 실험에서도 앵커링 효과를 발견할 수 있다.

그들은 우선 실험 참가자들에게 판매 대상 주택을 점검하게 하고, 주택의 상세 정보와 근린 주택 가격을 포함한 기타 정보를 기재한 10쪽짜리 팸플릿을 주었다. 또한 실험 참가자를 네 그룹으로 나누어, 각 그룹마다 각기 다른 희망 판매가를 제시했다. 가장 적은 희망 판매 가는 119,000달러, 가장 높은 희망 판매가는 149,900달러였다.

그리고 실험 참가자들에게 추천 판매가와 구입할 경우 구입가에 대한 견적을 제출하도록 했다. 그 결과 부동산 매매 전문가들인 실험 참가자 중 낮은 희망 판매가를 제시한 사람들의 가격 평균치는 114,204달러, 판매가는 117,745달러, 구입가는 111,454달러였다. 한편 높은 희망 가격을 제시한 실험 참가자들의 가격 평균치는 128,754달러, 판매가는 130,981달러, 구입가는 127,318달러였다. 이것을 표로 정리해 보면 다음과 같다.

단위: 달러

희망 가격 (앵커 가격)	가격 평균치	판매가	구입가
119,000	114,204	117,745	111,454
149,900	128,754	130,981	127,318

앵커로 작용한 가격이 높은 주택이 가격 평균치, 판매가, 구입가 모두 높게 나왔다. 이런 차이가 나는 것은 앵커링 효과로 설명할 수

밖에 없다. 사실 이런 앵커링 효과가 영업인을 괴롭히고 있다. 그 이유는 이렇다.

요즘 고객들은 제품을 구매하기 전에 인터넷에서 가격을 조회해 본다. 거기서 얻어 낸 가격 정보가 앵커 역할을 한다. 그 가격은 대부분 영업인들이 요구하는 가격보다 싸다. 특히, 건강기능식품이나 화장품의 경우 불법 유통으로 몸살을 앓고 있다. 그 이유는 고객들이 불법으로 싸게 거래되는 제품의 가격으로 제품을 요구하기 때문이다. 이럴 때 어떻게 대처해야 할까? 다음과 같이 프레이밍 효과로 대처하면 어떨까?

- "저희 회사 제품은 온라인 판매를 금지하고 있습니다. 유통기간이 지난 제품을 불법으로 유통하는 것과는 질적으로 다릅니다."
- "상품 가격은 고객관리 비용도 포함된 것입니다. 고객님께서 불법으로 유통하는 제품을 이용하시다 피해를 보시면 구제받을 방법이 없습니다."

'방문판매 제품은 비싸다.'고 생각하는 고객들이 많다. 이렇게 앵커링되어 있는 고객의 생각을 어떻게 하면 바꿀 수 있을까? 사실 방문판매 제품이라서 고가인 것이 아니고, 품질이 그만큼 우수하다는 사실을 각인시켜야 한다. 물론 이것은 영업인의 노력만으로 되는 것은 아니다. 본사 차원에서 확실히 차별화할 수 있는 제품을 생산한다면 고객의 부정적인 앵커를 좀 더 쉽게 바꿀 수 있다.

고객의 생각과 고객의 언어로 말하라

사람들은 자신의 생각과 일치하는 메시지를 긍정적으로 해석한다. 말이 통하는 사람의 말을 더 잘 받아들이고 믿는다. 특정 정치인을 좋아한다면 그의 말에 동조하기 쉽다. 자신의 가치관이나 신념과 일치하는 사실은 쉽게 받아들이고, 일치하지 않는 것은 받아들이지 않으려 한다.

이것이 바로 '사회적 판단이론'이다. 즉, 고객은 영업인이 보내는 메시지를 무조건 믿고 받아들이는 것이 아니라 자신의 생각과 비교한 후에 받아들일지 여부를 결정한다. 만약 영업인의 설명이 자신의 생각과 다르면 믿지 않고, 같으면 긍정적으로 판단하고 받아들인다. 이것을 행동경제학에서는 '확증 편향'이라고 한다.

그러므로 고객을 설득하려면 먼저 고객의 태도나 생각을 읽어내고 고객의 언어로 이야기해야 한다. 이때는 당신의 말이 사실인지

거짓인지의 여부는 상관없다. 이것을 보면 영업인에게 "정치와 종교 이야기는 절대 하지 말라."는 금언이 전해지는 것도 이해할 수 있다. 이런 현상은 말을 많이 하지 말아야 하는 이유가 되기도 한다. 말이 많으면 고객의 생각이나 신념에 반하는 말을 하기 쉽다.

그러면 어떤 방법이 있을까? 질문으로 고객의 신념을 알아내고 그 범위 내에서 설명하면 이런 실수를 피할 수 있다. 다음과 같이 질문해 보자.

- "고객님은 이 문제를 어떻게 생각하십니까?"
- "고객님은 제품을 구매하실 때, 어느 부분을 가장 중요하게 생각하십까?"

이런 질문을 한 후 고객이 답변할 때 경청해야 한다. 고객의 생각이 무엇인지, 고객이 진정 원하는 것이 무엇인지, 현재 고객의 상황이 어떠한지를 파악하여 그것에 맞춰 나가야 한다.

그다음으로 고객이 사용하는 단어를 그대로 사용하여 대구하는 것도 중요하다. 고객이 '성능'이라는 말을 사용했다면 영업인도 '성능'이라는 말을 사용해야지 '기능', '능력'과 같이 비슷한 말을 사용해서는 안 된다. 만약 고객이 "제가 가장 중요하게 생각하는 것은 그것이 얼마나 빠른 시간 안에 효과를 발휘하느냐는 것입니다."라고 말했다면 "고객님이 원하시는 제품은 적어도 일주일 이내에 효과를 발휘합니다."라고 대답해야 한다. '효과', '발휘' 같은 단어들을 그대로 사용하라는 것이다.

그러나 실력 없는 영업인들은 이렇게 말한다.

"고객님이 원하시는 제품은 적어도 일주일 이내에 효능을 보여줍니다."

물론 앞의 문장과 의미는 같다. 그러나 표현 방식이 다르다. 고객이 '아이'라고 말했다면 당신도 '아이'라고 해야지 '애'나 '어린이' 같은 단어를 사용하면 안 된다. 아주 사소한 문제라고 생각하는가. 그러나 승부는 항상 이런 '디테일'에서 갈린다. 작은 것 하나라도 세심하게 주의를 기울이는 자세가 필요하다

고객의 언어 습관을 알아차리는 것은 '디테일'에 속하는 문제지만, 세일즈를 성공으로 이끄는 가장 중요한 전략 가운데 하나이기도 하다. 심리학자들의 연구를 보면, 사람에 따라 시각적 언어와 청각적 언어, 신체감각적 언어 중에서 개인에 따라 선호하는 언어가 있게 마련이라고 한다. 이에 대한 예시를 표로 정리하면 다음과 같다.

시각적 언어	"좋아 보이네요.", "나는 그렇게 보지 않습니다.", "이런 관점에서…….", "제가 보기에는…….", "디자인이 좋아 보이네요.", "겉보기에는 대단해 보입니다.", "상상해 보세요."
청각적 언어	"좋게 들립니다.", "괜찮게 들리네요.", "그것을 들어 본 적이 있습니다.", "제가 듣기로는…….", "말씀이 진실하게 들리네요.", "제 이야기를 들어 보실래요?"
신체감각적 언어	"무척 딱딱하군요.", "어깨를 으쓱할 만합니다.", "좀 더 부드러운 것은 없습니까?", "핵심을 잘 짚었습니다.", "아무래도 수상한 냄새가 납니다."

영업인이라면 당연히 고객의 언어 습관을 관찰하여 어느 유형인지 파악하고, 그 유형에 맞는 언어로 대화해야 한다. 예를 들어, 화장품 영업인이 고객에게 다음과 같이 질문했다.

"고객님은 화장품을 구매하실 때 어떤 부분을 가장 중요하게 생각하십니까?"

이 질문에 "미백 효과를 가장 중요하게 생각합니다."라고 대답했다면, 이 고객은 시각적인 언어를 사용하는 고객이다. 그러면 당신도 시각적인 언어를 사용해야 한다. "이 제품은 얼굴을 뽀얗게 보이도록 개선해 줍니다."라고 하든가 "그렇다면 제대로 보신 겁니다. 이 제품으로 그런 효과를 확실히 보실 수 있습니다."라고 하면 된다.

케빈 호건과 제임스 스피크먼이 쓴 『은밀한 설득』를 보면 '최면언어'라는 게 나온다. 은밀한 설득이란, 겉으로 드러나지 않게 상대의 심리적 저항과 반감을 없애고 자기편으로 끌어들이는 행위를 말한다. 만약 자신이 보낸 메시지를 상대가 비판하거나 의문을 품지 않고 순순히 받아들인다면 은밀한 설득을 한 것이라고 볼 수 있다.

최면언어는 상대방의 마음을 내가 원하는 방향으로 움직이는 언어 기술이다. 최면언어에는 말 속에 의도가 숨어 있다. "특별 보고서를 작성하기 전에 간단하게 뭐라도 먹자. 좋지?"라는 말에는 상대가 '특별 보고서'를 작성하게 될 것이라는 전제가 깔려 있다. 말끝에 덧붙인 '좋지?' 라는 말 또한 바로 상대를 자신이 원하는 방향으로 움직이는 언어 기술이다. 이런 방식으로 제안을 받은 사람은 자신도 모르게 고개를 끄덕이게 된다.

이처럼 상대방에게 어떤 문제에 대해 어떻게 결정할지 물어보면 그 사람이 원하는 것이 무엇인지 알 수 있다. 그의 대답 속에는 어떻게 하면 자신의 마음을 바꿀 수 있는지 그 해법이 들어 있다. 『은밀한 설득』에는 최면언어들의 구체적인 예가 많다. 굵은 고딕체는 최면언어고, 괄호 안의 내용은 최면언어를 풀이한 설명이다.

▶ "주식에 더 많은 돈을 투자하**라고 말씀드리지 않겠습니다.** 그것은 고객님께서 스스로 알아보셔야죠."

 ('어떻게 하라고 말하지는 않겠지만, 어떻게 해야 하는지 알겠지?')

▶ **"지금 해 보고 싶으시죠?** 그렇다면 이 멋진 자동차를 구매하세요."

 ('꼭 그럴 필요는 없지만, 그러고 싶지?')

▶ "X를 구매하실 건지, Y를 구매**하실 건지 어떤 식으로 결정하실 겁니까?"**

 (상대방의 결정 방법에 대해 다시 한 번 묻는다.)

▶ "꼭 지금 결정**하실 필요는 없습니다."** ('나라면 그렇게 하겠다!')

▶ "더 큰 **집을 보여 드릴까요?"**

 (상대가 원하거나 원하지 않는 특정한 사항이나 혜택을 확인하는 질문이다.)

▶ **"몇몇 고객님들은** 유행이 지난 집에 대해 불평하곤 하시죠."

 ('몇몇 고객님'들 속에 바로 당신도 포함된다.)

▶ "완벽한 자동차**를 가질 수 있다면** 어떠시겠어요?"

 ('상상해 봐! 나라면 갖고 말겠다.')

▶ "더 나은 보험 회사를 선택**할 수 있다면,** 어떤 점을 중점적으로 보실 건가요?"

 (상대는 어떤 것을 선택할지 생각하게 될 것이다.)

▶ "이 자동차가 1갤런당 30마일을 달린다**는 사실을 아세요?"**

 (놀라운 사실을 말해 주고 있다는 것을 암시한다.)

▶ "고객님의 포트폴리오가 연평균 12퍼센트**라면 어떤 일이 벌어질지 상상해**

보세요."

(상대의 머릿속을 크리스마스트리처럼 환하게 밝혀 준다.)

▶ "단기적으로 돈을 버는 데 관심이 있으세요, 아니면 장기적인 목돈 마련에 **관심이 있으세요?**"

(상대는 자신이 관심이 있다는 사실을 이미 알고 있다. 따라서 둘 중 하나를 선택하게 될 것이다.)

▶ "일 년에 2만 5천 달러의 추가 수입을 얻을 수 있**다면 어떠시겠습니까?**" ('한 번 상상해 봐.')

▶ "이게 얼마나 재미있**는지 모르시는 것 같네요.**"

(말하는 순간, 상대는 알게 될 것이다.)

▶ "더 튼튼하고 멋진 몸매를 가꾸는 운동법**을 알려 드려도 될까요?**"

(친절하고 효과적으로 상대에게 판매 허락을 구하는 질문이다.)

▶ "실적이 입증된 뮤추얼펀드가 ○○○보다 낫다**고 생각하지 않으세요?**"

(이 질문에는 "No"라고 답하기 힘들 것이다.)

▶ "누가 대신 세금 계산을 해준다면 무척 **편하시겠죠?**"

(편하다는 전제하에 묻는 질문이다. 역시 "No"라고 답하기 힘들다.)

이런 최면언어를 습관적으로 사용하면 분명히 효과가 있다. 다만 이론적으로만 알거나 한 번 죽 훑어보는 것만으로는 가시적인 효과를 얻을 수가 없다. 반사적으로 무의식중에 입에서 튀어나올 수 있도록 연습하고 또 연습해야 한다

생존과 번식 본능을 활용하라

사람들이 가장 관심 있는 것은 무엇일까? 많은 사람들이 돈, 명예, 권력, 이성, 직장, 교육 따위에 관심이 있을 것이다. 그런데 이 질문을 좀 더 근원적으로 끌고 들어가 보면 어떤 답이 나올까? 결국 생존과 번식이 답이다. 그렇다면 생존과 번식 중에서 무엇을 더 중요하게 생각할까? 당연히 생존을 더 중요하게 생각한다고 답할 것이다. 과연 그럴까?

먼저 곤충들의 한살이를 보자. 하루밖에 살지 못한다는 하루살이는 입이 없다. 생존을 위해 먹이를 먹는 입을 필요로 하지 않는다. 성충이 되어 번식에 성공하면 일생을 마친다. 마치 번식을 위해 생존하는 것만 같다. 매미는 알에서 깨어난 후 몇 년을 땅속에서 지내다 성충이 된다. 수컷 매미는 암컷을 찾기 위해 여름 내내 열심히 노래를 부르고 교미를 한 후 바로 죽는다. 이렇게 허망한 노릇이 없다. 그리고 암컷 역시 알을 낳고 나면 죽는다. 곤충에 한정된 것이 아니냐고 생각할 수 있지만, 고릴라나 침팬지 같은 유인원들도 번식을 위해 목숨 걸고 싸우지 않던가?

그렇다면 사람은 어떨까? 당신은 매슬로의 욕구 5단계를 한 번쯤은 들어 봤을 것이다. 1단계는 생리적 욕구, 2단계는 안전 욕구다. 생리적 욕구는 생명 유지를 위한 기본적인 것으로서 의식주에 대한 욕구를 포함한다. 번식을 위한 성욕도 1단계 욕구다. 2단계 욕구는 신체적 안전을 지키고 싶은 '안전 욕구'로 결국 생존에 관한 욕구다. 자아실현의 욕구나 존경받고 싶은 욕구는 사실 생존을 위협받는 상황에서는 사치에 불과하다. 곤충, 동물뿐 아니라 사람에게도 생존과 번식이 가장 중요한 관심사임에 틀림없다.

그렇다면 생존과 번식 중 어느 것을 더 중요하게 생각할까? 생존을 해야 번식이 가능하므로 생존이 우선일까? 그런데 생존과 번식이 양립할 수 없는 상황이라면 어떨까? 필자는 인간에게 모성애나 부성애가 있다는 것은 번식이 더 중요함을 보여주는 증거라고 생각한다. 예를 들어 보자. 부모와 자식 둘 중 한쪽만 살 수 있는 상황이라면 많은 부모들이 자식을 살리고자 할 것이다. 어찌 됐든 사람에게 최우선 관심사는 생존과 번식이라는 사실은 틀림없다.

칵테일 파티 효과라는 것이 있다. 시끄러운 음악 소리와 사람들이 떠드는 소리 때문에 바로 앞에 있는 상대방의 말조차 잘 알아들을 수 없는 칵테일 파티에서도 가끔 잘 들리는 말이 있다. 무엇이 잘 들릴까? 바로 자신이 관심 있어 하는 이야기가 그렇다. 학자들의 연구에 따르면, 가장 잘 들리는 말은 자신의 이름과 성SEX에 관한 이야기라고 한다. 생존과 번식에 관한 관심이 가장 크다는 것을 알 수 있다.

이름에 대한 관심이야 그렇다 치더라도 사람들은 왜 그토록 성에 관심이 높은 것일까? 번식을 하기 위해서는 짝이 필요하기 때문이다. 아무리 번식을 하고 싶어도 이성이 자신을 찾아주지 않으면 번식에 성공할 수 없다. 결국 짝을 찾기 위해 치열한 경쟁을 하지 않을 수 없는 것이다.

그렇다면 이런 인간의 본성을 세일즈에 어떻게 활용할 수 있을까? 보통 자동차는 남자의 성기와 관련이 있어서 남자들은 큰 차를 선호한다는 속설이 있다. 그러나 이것은 자동차 마케팅 담당자들이 지어낸 말이지 않을까 싶다. 실제로 소나타 3는 전조등을 남성 성기 모양으로 디자인하기도 했다. 큰 자동차는 재력이 있음을 상징하는데, 남성의 유능함은 번식에도 유리하다.

원시시대로 돌아가 보자. 사냥을 잘하는 남자는 처자식을 굶기지 않았을 것이다. 이것은 곧 재력을 의미하며 그만큼 번식에 성공할 확률이 높다는 것을 뜻한다. 지금도 여성들이 사냥에 유리한 키 큰 남자를 좋아하는 것은 우리 뇌가 아직도 원시시대의 뇌를 유지하고 있다는 증거다. 수많은 광고들이 은근히 성을 상징하는 내용을 담는 것은 사람의 본능을 자극하여 관심을 끌려는 교묘한 수법이다.

건강기능식품과 화장품 방문판매 조직을 관리할 때의 일이다. 필자는 모든 건강기능식품과 화장품을 판매하는 데 생존과 번식이라는 인간의 본능을 활용할 수 있다고 영업인들에게 강조했다. 실제로 남자들은 정력에 좋다고 하면 구매율이 올라가고, 여성들은 다이어트와 아름다움을 강조하면 구매율이 올라갔다. 남성에게 혈액 순환이나 간 기능, 신장 기능의 개선은 바로 생식능력 강화로 연결된다. 여성들이 날씬해지고 아름다워지려는 욕구 역시 본능이다. 남성이 건강해야 여성의 선택을 받을 수 있듯이, 여성은 아름다워야 남성의 선택을 받기 때문이다.

필자가 세일즈 강의를 할 때 사례로 드는 '내 친구가 자가용을 산 사연'도 결국 생존과 번식이라는 본능을 활용한 이야기다. 필자의 책 『한 번 더 세일즈』에 실려 있는 것을 여기에 옮겨왔다.

어느 날 친구가 고급 승용차를 타고 나타났다. 차가 딱히 필요한 친구도 아니었고, 당시 나이나 소득에 비해 지나치게 좋은 차를 사서 의아했다. 그래서 이유를 물어봤다. 이유를 알고는 자동차 영업사원의 영업력에 감탄했다. 영업사원은 친구에게 이렇게 질문했다고 한다.

"선생님, 왜 아직도 결혼을 못하신 줄 아세요?"

"……."

"차가 없어서 그런 거예요."

"결혼과 차가 무슨 상관이죠?"

"선생님께서 여성분을 차에 태워 대부도 같은 곳으로 드라이브를 가서 시원한 바닷바람도 쐬고 맛있는 회도 먹으러 다녀 보세요. 어떤 여자가 반하지 않겠어요? 선생님은 차가 없으시니 그렇게 못하지 않았을까요? 그게 아직 결혼을 못하신 이유예요. 선생님, 어떻게 생각하세요? 제 말이 맞지 않나요?"

이런 자동차 영업사원의 질문에 그 친구는 자동차에 여자 친구를 태우고 여기저기 놀러 다니는 상상을 했을 것이다. 그 영업사원은 바로 고객의 번식 본능을 이용한 것이다. 만약 그가 자동차의 연비가 어떻고, 소음이 어떻고, 엔진이 어떻고 하며 차의 성능이나 디자인 등을 줄줄이 늘어놓았다면, 그 친구는 아마 차를 사지 않았을 것이다.

여성들이 식료품을 살 때를 유심히 관찰해 보라. 남성들보다 약 30퍼센트 정도 더 자주 유통 기간을 살피는 것을 볼 수 있다. 이 행위에는 사실 생존 욕구와 번식 욕구가 동시에 담겨 있다. 건강한 음식은 곧 안전이나 건강과 관계가 있고, 자녀의 양육 문제와도 관련이 있다.

하지만 번식 욕구는 항상 상대방을 필요로 한다. 이것은 이성이 좋아할 만한 사람이 되어야 한다는 것을 의미한다. 당신이 취급하는 제품에 이런 기능이 있다는 사실을 증명할 수 있다면 고객의 관심을 끌 수가 있다. 즉, 제품 사용으로 인해 다음과 같이 자신감, 우월감, 특별함을 내세울 수 있다고 강조하면 된다.

- "이 제품을 사시면, 모든 사람들이 부러워할 것입니다."

- "이것으로 고객님의 성공을 보여줄 수 있습니다."

자동차, 핸드백, 시계를 명품으로 사는 것은 사실 우쭐대고 싶은 욕구 때문이다. 따라서 당신이 취급하는 제품으로 우쭐댈 수 있다는 사실을 강조하면, 고객의 구매 욕구를 강화할 수 있다.

13장

고객이 신뢰를 얻어라

01. 신뢰를 얻으면 상품가치도 오른다 | 02. 에펠탑 효과를 활용하라
03. 함부로 판단하지 마라 | 04. 잡담을 즐겨라
05. 비언어적 신호가 중요하다 | 06. 고객을 따라하며 공감대를 넓혀라
07. 불만을 털어놓게 하라 | 08. 작은 선물을 자주 하라

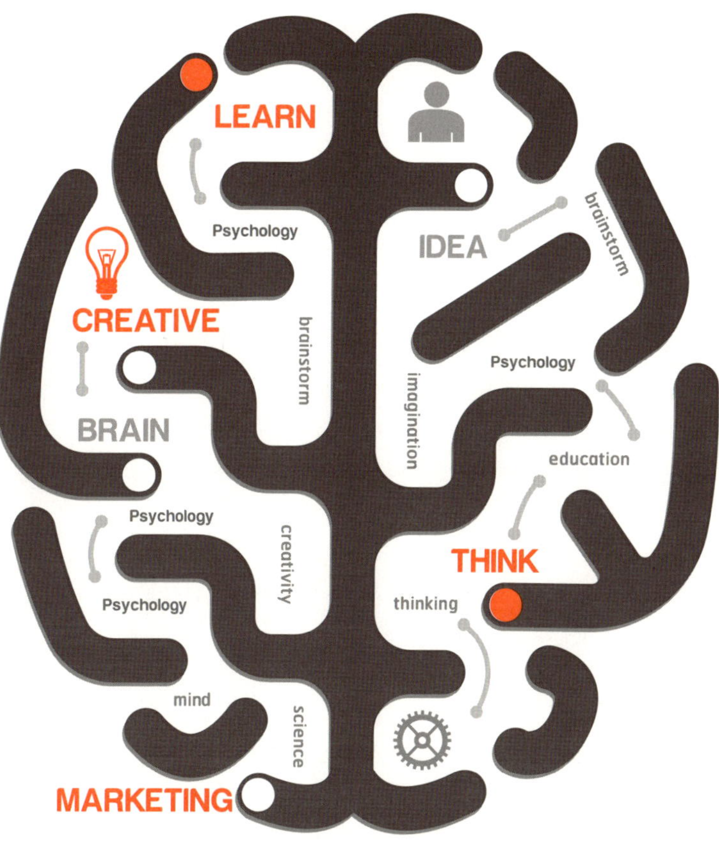

신뢰를 얻으면 상품 가치도 오른다

일 년 전부터 어머니는 이상하게 기운이 없다는 말씀을 많이 하셨다. 보약이나 홍삼을 드시는데도 기운이 없기는 마찬가지였다. 그러다 지난 겨울에 백내장 수술을 하셨는데, 눈꺼풀이 내려오더니 올라갈 생각을 하지 않는 것이었다. 백내장 수술이 잘못된 줄 알고 안과를 열심히 다녔지만, 한 번 내려온 눈꺼풀은 좀처럼 올라가지 않았다.

이런저런 검사 끝에, 중증 근무력증이라는 희귀난치병 진단을 받았다. 4개월 정도 열심히 병원을 다닌 어머니는 효과가 없다면서 서울에 있는 유명한 병원으로 가고 싶어 하셨다. 현재 다니는 병원도 유명한 대학병원인데 굳이 서울까지 갈 필요가 없고, 어머니의 병은 평생 병원을 다녀야 하는 병인데 멀면 다니기 힘들다고 설득했지만,

"큰 병원에 가면 싹 고쳐 줄지 누가 아느냐!"며 고집을 부리셨다. 결국 병원을 옮겼지만, 어머니는 똑같은 진단을 받았다.

어머니는 막연히 시골 의사보다는 서울 의사가 더 실력이 있을 것이며, 시골 약보다는 서울 약이 더 효능이 좋을 것이라고 생각하셨던 듯하다. 그렇게나마 믿고 서울 의사에게 꾸준히 치료를 받는다면 어머니의 상태는 훨씬 호전될 수 있을까? 물론 터무니없는 이야기라고 치부해 버릴 수도 있지만, 아예 가능성이 없는 것은 아니다.

심리학 이론에 '플라시보 효과placebo effect'란 것이 있다. 이는 약효가 전혀 없는 거짓약을 진짜 약으로 가장하여 환자에게 복용하도록 했을 때, 환자의 병세가 호전되는 효과를 말한다. 심리 상태에 영향을 받기 쉬운 질환에서는 이 플라시보거짓 약를 투여해도 효과를 보는 경우가 있다고 한다. 환자의 심리적인 위안이 병의 호전으로 나타나는 것이다.

옛날 우리 조상들은 약을 먹을 때 정성이 중요하다고 여겼다. 나을 수 있다는 믿음으로 정성껏 먹어야 병이 치료될 수 있다는 사실을 경험으로 알았으리라. 건강기능식품을 취급하는 영업인에게 플라시보 효과는 매우 중요하다. 제품 상담 말미에 다음과 같은 말을 덧붙인다면 플라시보 효과를 높일 수 있다.

- "고객님 아주 잘 선택하신 겁니다. 이 제품이 고객님의 문제를 완전히 해결해 줄 것입니다."
- "ㅇㅇ씨 아시죠? 그분도 이 제품으로 간질환을 고치셨습니다. 이 제품이

고객님 병을 확실하게 고쳐 줄 것입니다."

사람에 대한 플라시보 효과도 있다. 고객이 만약 당신을 신뢰한다면, 당신이 취급하는 제품도 똑같이 신뢰한다. 반대로 당신이 미덥지 않다면, 당신이 취급하는 제품도 시원찮을 것이라고 생각한다. 말도 안 되지만 고객은 종종 이렇게 비이성적인 직관체계를 사용하여 구매를 결정한다. 따라서 세일즈 활동 초기에 고객의 신뢰를 얻는 것이 매우 중요하다.

그렇다면 고객의 신뢰를 얻으려면 어떻게 해야 할까? 사소한 것이라도 마음을 써야 한다. 청약서를 작성해야 할 때, 청약서 한 장을 찾기 위해 가방 구석구석을 뒤진다면 고객의 신뢰를 얻을 수 없다. 평소 가방 안을 잘 정리하는 것이 사소한 것처럼 보일 수도 있지만 절대 그렇지 않다. 자동차의 청결 상태, 구두, 옷, 액세서리, 화장, 헤어스타일 모두 고객의 신뢰를 얻는 데 영향을 미친다. 상담 중 요란하게 휴대전화가 울려서 전화를 받기 위해 자리를 뜨는 행동 역시 고객의 신뢰를 얻을 수 없다.

그런데 고객마다 중요하게 여기는 게 다르다는 것이 문제다. 어떤 고객은 복장을 보고, 또 어떤 고객은 자동차를 보며, 어떤 고객은 성격을 본다. 필자가 가장 중요하게 보는 것은 시간 약속이다. 시간 약속은 그 사람의 습관이라서 쉽게 고치기가 힘들다. 평소 약속 시간을 잘 안 지키는 사람과는 중요한 일을 하지 않는 것이 좋다.

어느 기관에서 강의를 할 때의 이야기다. 강의 전반을 관리하는 직원은 항상 시간을 지키지 않았다. 9시에 강의를 시작하면 8시 30분에는 현장에 도착해서 강의 준비를 해야 하는 게 상식인데, 그 직원은 9시에 딱 맞춰서 오거나 10분, 20분 지각하는 것은 예삿일이었다. 몰라서 실수를 하는 것은 가르칠 수 있다. 그러나 시간 약속을 안 지키는 것처럼 한 번 몸에 밴 습관은 좀처럼 고치기가 힘들다. 그래서 필자는 어떤 영업인이라도 약속을 지키지 않으면 계약을 하지 않는다.

이런 사람도 있다. 며칠 전에 약속을 했는데 당일 약속 시간이 다 돼서 대수롭지 않다는 듯 취소하는 사람 말이다. 이럴 때는 정말 짜증이 솟구친다. 자신은 바쁜 사람이라 어쩔 수 없지만 상대방은 언제든 만날 수 있다고 생각하는 모양인데, 이런 정신으로는 절대 성공할 수 없다. 상대방의 시간을 도둑질하는 것이나 마찬가지니 절대 신뢰를 얻을 수 없다.

고객의 신뢰를 얻기 위해 '양떼 현상'을 활용하는 방법도 있다. 양떼 현상은 다른 사람의 행동을 기준으로 상황을 판단하고 상대가 하는 대로 따라 하는 것을 말한다. '사회적 증거의 법칙'이라고 할 수 있는데, 사실 무엇인가를 판단할 때 판단 기준 없다면 혼란스럽다. 이런 혼란스러움을 극복하고 안심하기 위한 방편으로 양떼 현상이 나타난다. 숙고체계 대신 직관체계를 사용하는 것이다.

양떼 현상 혹은 사회적 증거의 법칙은 이미 영업 현장에서도 많이 활용되고 있다. 다만 그 증거를 어떻게 확보하고, 어떻게 효과적으로 활용할 것인가가 문제다. 만약 고객이 좋아하는 어느 특정인이 당신이 취급하는 제품을 사용하고 있다면, 이를 적극 활용해야 한다. TV광고에서 유명 연예인을 모델로 내세우는 것도 양떼 현상을 활용하는 것이라고 할 수 있다. 앞에서 생수에 관해 설명 할 때 들었던 '사례 2'의 "텔런트 ○○○과 △△△도 이 물을 마시고 있습니다."라는 카피를 기억하는가?

영업 현장에서 양떼 현상을 활용하는 방법으로는 두 가지가 있다. 첫째, 주변에 영업인이 취급하는 제품을 사용하는 고객이 많다는 사실을 알리는 것이다. 그 고객이 유명인이거나 영향력 있는 사람이라면 더욱 좋다. 둘째, 영향력 있는 고객의 소개다. 당신도 알다시피 소개 판매는 어떤 판매 유형보다 성공률이 높다.

하지만 소개는 막연하게 해 달라는 것보다 구체적으로 지명하여 부탁하는 것이 좋다. 예를 들어, "고객님이 만나는 친목 회원 중에서 정기적으로 병원에 다니시는 분이 계십니까? 한 번 상담하고 싶은데 세 명 정도 소개 좀 시켜 주시겠습니까?"라고 부탁하면 고객도 편하게 생각해 소개해 줄 확률이 높다. 단, 평소 고객과 자주 만나면서 고객의 모임에 대해 사전에 파악하는 것은 필수다. 또한 부탁할 때는 간곡하게 해야 고객이 부담을 느끼고, 누구를 소개해 줄까 고민하기 시작한다.

다음은 고객에게 소개를 부탁하기 전에 구체적으로 질문하면 유용한 것들이다.

• "고객님과 가깝게 지내는 직장 동료들은 어떤 분들입니까?"

- "고객님과 함께 운동하는 분들 중에서 어떤 분과 가장 마음이 잘 맞습니까?"
- "고객님과 같은 사업을 하시는 분들 중에 어느 분이 가장 성공하셨습니까?"

이렇게 질문하면 고객은 누구누구가 있다고 대답할 것이다. 그러면 그들을 소개해 달라고 정중하게 부탁하면 된다. 또한 다음과 같이 바로 소개를 부탁할 수도 있다.

- "주변에 고객님과 비슷한 증세로 고생하시는 분이 계시면 말씀해주세요. 그분도 고객님처럼 효과를 보시면 얼마나 좋겠어요. 두 분 정도 소개시켜 주실 수 있으신가요?"
- "고객님 친목 모임 중에서 고객님처럼 피부가 건조한 분을 소개시켜 주시면 그분께 좋은 기회가 되지 않을까요?"
- "고객님 주변에 잡티나 주근깨 때문에 고민하시는 분이 계시면 소개시켜 주시겠습니까? 저희 제품은 확실하니까 만족하실 것입니다."

물론 이런 부탁이 성사되기 위한 기본 전제는 당신에 대한 고객의 신뢰라는 것은 두말하면 잔소리다.

에펠탑 효과를 활용하라

당신이 고객의 신뢰를 얻는 가장 쉽고 간단한 방법은 자주 찾아가는 것이다. 고객은 처음 만나는 영업인에게는 경계심을 가진다. 당신에게 거절의 두려움이 있듯이, 고객에게는 구매에 대한 두려움이 있기 때문이다. '요즘 형편도 안 좋은데 보험을 들어야 하나?', '아직 차를 바꿀 때가 안 됐는데……'라며 구매에 대한 두려움과 함께 낯선 영업인에게서 불안감을 느끼는 것이다.

그러나 이런 불안감은 영업인의 얼굴을 자주 보면 점차 사라진다. 이를 '에펠탑 효과'라고 한다. 파리의 에펠탑 설계도가 처음 발표됐을 때 많은 프랑스 시민들이 반대했다고 한다. 도시 한가운데 삐쭉 솟을 탑 모양에 불편함을 느꼈던 것이다. 하지만 지금은 어떤가. 파리를 여행한 사람치고 에펠탑 앞에서 사진을 찍지 않은 사람이 없을 정도로 파리의 상징이 됐다. 에펠탑이 세워지고 100여 년이 흐르는 동안 자꾸 보다 보니 정이 든 것이다.

오리 브래프먼과 롬 브래프먼이 쓴 『클릭』에는 자주 보는 사람을 더 많이 신뢰한다는 실험 결과가 다음과 같이 나와 있다.

피츠버그 대학의 심리학자인 리처드 모어랜드와 스콧 비치 교수는 한 학기 동안 대형 강의실에서 실험을 했다. 두 교수는 우선 나이와 외모가 비슷한 여성 네 명을 뽑았다. 네 여성의 인상이 비슷하다는 것을 확인하기 위해, 무작위로 선택한 사람들에게 여성들의 사진을 보여주고 느낌을 물었다. 그 결과, 호감, 매력, 친근함의 항목에서 모두 비슷한 점수를 받았다.

다음으로 그 여성들에게 학생 200명가량이 듣고 있는 성격심리학 수업에 참석하도록 했다. 물론 학생들에게는 실험을 하고 있다는 사실을 알리지 않았다. 네 명의 여성들 중 첫 번째 여성은 한 학기 동안 총 15회 참석하고, 두 번째 여성은 10회, 세 번째 여성은 5회, 그리고 마지막 여성은 한 번도 참석하지 않도록 했다.

여성들은 수업 몇 분 전 강의실에 입장해 교단 앞으로 천천히 걸어간 다음, 다른 학생들의 눈에 잘 띄는 자리를 골라 앉는다. 강의 시간 내내 그 여성들은 다른 학생들과 마찬가지로 수업에 집중을 하며 필기를 한다. 그리고 강의가 끝나면 잠깐 기다렸다가 천천히 강의실을 빠져나간다. 다시 말해, 여성들은 강의실 학생들과 수동적 접촉을 시도했다. 보다 확실하게 하기 위해, 다른 학생들과는 가급적 거리를 유지하고 언어적 혹은 비언어적 의사소통을 하지 못하도록 했다. 다른 학생이 그들에게 다가오면 자연스럽게 돌아서서 외면하도록 했다.

학생들은 아마 수업 중에 그 여성들을 보았을 것이다. 하지만 한 번도 말을 주고받지 않았기 때문에 의식적으로 인식하지는 못했을 것이다. 과연 학생들은 여성들에 대해 어느 정도 알고 있었을까?

학기가 끝났을 때, 모어랜드와 비치 교수는 학생들에게 여성들의 사진을 보여주고 반응을 조사했다. 그러자 90퍼센트는 아예 그녀들을 기억하지 못했고, 10퍼센트 정도만이 그녀들의 얼굴을 기억했다. 하지만 심리학 강의실에서 보았다고 정확히 말한 학생은 한 명도 없었다. 수동적 접촉을 제대로 한 것이다. 다음으로 두 교수는 학생들에게 여성들의 사진을 보여주고 얼마나 흥미롭고, 매력적이고, 착하고, 인기 있고, 겸손하고, 지적이고, 따스하고, 솔직하고, 유능하고, 진실한지에 대해 각각 평가해 보라고 했다(앞서 네 명의 여성 모두 사람들에게 비슷한 수준의 느낌을 주고 있다는 사실을 다시 한번 상기하자).

그 결과 모어랜드와 비치 교수는 놀라운 사실을 발견한다. 수업 시간에 더 많이 참여한 여성들이 더 높은 점수를 받은 것이다. 수업에 15회 참석했던 여성과 한 번도 참석하지 않았던 여성 사이의 점수 차이는 상당했다. 학생들의 90퍼센트가 제대로 기억도 못하는 상황에서 이러한 결과가 나왔다는 것은 어떤 무의식적인 요인이 큰 영향을 미쳤다는 것을 뜻한다. 이에 대해 두 사람은 이렇게 언급했다.

"노출 횟수가 학생들의 평가에 이처럼 큰 영향을 미칠 것이라고는 예측하지 못했습니다. 의식적으로 인식하지 못했는데도 학생들은 특정 여성에게 더 높은 점수를 주었습니다."

결론적으로 말해 수동적 접촉이라도 무의식적인 차원에서는 호감도에 큰 영향을 미친다. 실험은 여기서 끝나지 않았다. 두 교수는 학생들에게 이런 질문을 던졌다.

"나중에 이 여성들을 만나 친해질 기회가 생긴다면 친구로 발전할 가능성이 얼마나 된다고 생각하십니까?"

이 질문에 한 번도 참석하지 않은 여성이 41퍼센트, 수업에 5회 참석한 여성이 43퍼센트로 나타났다. 그리고 10회 참석한 여성은 57퍼센트, 15회 참석한 여성은 60퍼센트였다. 단지 조금 더 많이 마주쳤다는 사실만으로 학생들은 친구로 발전할 가능성을 더 높게 보고 있었다. 어떤 여성과 함께 시간을 보내고 싶은지에 대한 질문에서도 학생들은 15회 참석한 여성을 가장 많이 꼽았다.

사소하고 일상적인 의사소통은 장기적인 관계로 발전할 가능성을 크게 높여 준다. 그리고 의식적인 대화뿐 아니라 무의식적이고 수동적인 접촉 역시 비슷한 결과를 가져온다. 업무적인 결정을 내릴 때도 마찬가지다. 전화 통화 대신 얼굴을 보면서 대화를 나누고, 이메일 대신 직접 출장을 가서 업무를 처리하는 것이 더 좋은 결과를 이끌어낸다. 마찬가지로 업무적인 모임에 참석했을 때, 멀찍이서 목례만 나누는 것보다는 먼저 다가가 악수를 청하며 말을 건네는 것이 더 효과가 있다.

웅진코웨이의 두진문 전 사장이 쓴 「성공하고 싶은가? 영업에서 시작하라」에서는 100번 이상 전화하여 계약에 성공한 사례가 나온다.

가정주부였던 그 고객에게 나는 정말 100번을 전화로 설득했으나 번번이 딱지를 맞고 숱하게 욕을 얻어먹었다. "사모님, 이번이 몇 번째 전화입니까?" 하고 얘기를 꺼내면 화부터 냈다. 그런데 100번을 채우고 101번째 전화를 걸어서 마침내 만나서 얘기하자는 약속을 받아 냈다. 두근거리는 마음으로 일찍 장소에 나갔다. 기다리는 동안 별 생각이 다 들었다.

'그토록 모질게 거절한 분인데 어떻게 생겼을까? 무척 거만하지 않을까? 만나기는 하지만, 과연 계약에 성공할까?'

이런 상념에 빠져 있는데, 저만치서 인상 좋은 한 여성이 두리번거리다가 나를 발견하고는 다가왔다. 나는 엉거주춤 자리에서 일어나 인사를 드렸다.

"사모님이십니까?"

그녀는 빙그레 웃었다.

"당신이 두진문 씨세요?"

"예, 제가 전화로 인사드린 두진문입니다."

그 고객은 상상했던 것처럼 험악하게 생기지 않았고 말투도 부드러웠다. 잠깐 침묵이 흐른 뒤 먼저 말을 꺼낸 쪽은 내가 아닌 고객이었다.

"그동안 전화로 모질게 대해 죄송해요. 제가 사람을 앞에 두고는 거절을 못하는 성격이라 어떻게든 만나지 말아야겠다는 생각에 말이 거칠었어요. 이렇게 뵙고 나니 괜히 그랬나 싶네요. 사실 끈질기게 전화를 걸어오

기에 꼬장꼬장한 성격에 집요한 사람인 줄 알았는데, 정말 인상이 좋으시
네요."

"저도 그렇습니다. 그렇게 전화를 드려도 거절하시기에 무서운 분으로
상상했는데, 참 상냥하고 부드러운 분이시네요."

갑자기 분위기가 누그러지면서 마치 오랜만에 만난 친구처럼 이런저런
이야기를 나누었다. 그 고객은 그 자리에서 선뜻 계약서를 써 주었을 뿐
만 아니라 나중에는 고객 15명을 소개시켜 주기도 했다.

'오랜만에 만난 친구처럼'이란 표현을 보자. 이미 101번을 통화했
으니 낯설지 않았으리라. 에펠탑 효과를 본 것이다. 고객을 자주 만
나면 한 가지 유익한 것이 더 있다. '회상의 용이성'을 높일 수 있다
는 것이다. 얼굴을 자주 보여야 고객이 머릿속으로 떠올리기 쉽다.

처음에는 보험에 가입할 생각이 없던 고객이 어떤 계기로 보험의
필요성을 느꼈다고 가정하자. 그 순간, 누구의 얼굴이 가장 먼저 떠
오르겠는가. 당연히 자주 본 영업인의 얼굴일 것이다. 자주 보면 회
상의 용이성이 높아지고, 당연히 머릿속에서 쉽게 떠오른다.

함부로 판단하지 마라

뭔가를 결정할 때 필요한 정보를 모두 수집한다면 올바른 결정을 내릴 확률이 그만큼 높을 것이다. 그러나 현실은 그렇지 않다. 급박한 상황에서는 이런저런 요소를 다 가늠하여 판단할 수 없다. 우리 머릿속은 신속한 판단을 위해 그전에 입력해 놓은 정보를 활용하여 빠른 결정을 내리려고 한다. 직관체계를 사용하는 것이다.

예를 들어, 우리는 특정한 직업군에 대한 이미지를 머릿속에 저장하고 있다. 헤어스타일이 단정하고 뿔테 안경을 낀 채 정장을 입은 사람을 본다면, 보통은 목사나 교수같이 점잖은 직업을 떠올리지 운동선수를 떠올리는 사람은 없을 것이다. 이처럼 직관체계를 사용하면 편리하기는 하지만, 손해를 보는 경우도 있다. 운동선수도 머리를 단정히 하고 정장을 입을 수 있기 때문이다. 따라서 섣불리 고객을 판단하면 안 된다. 이때는 숙고체계를 사용해야 한다. 다음은 필자가 건강기능식품 방문판매 사업을 할 때 겪은 일이다.

토요일이라 주부 영업인들이 출근하지 않은 어느 날, 허름하게 옷을 입은 노인 한 분이 방문했다. 보통 토요일에는 고객이 방문하는 일이 거의 없어 나는 순간 '동냥을 하러 왔나?' 하는 생각이 들었다. 그렇다고 싫은 내색을 할 수는 없지 않은가. 얼굴에 미소를 띠고 무슨 일로 오셨느냐고 물었다. 그분은 내게 지점장이냐고 묻더니 할 말이 있다며 시간을 낼 수 있느냐고 물었다. 급한 일이 없던 나는 괜찮다고 했다. 노인은 자리에 앉더니 당신에게 자식이 다섯 있는데, 이들에게 건강기능식품을 사주고 싶다며 어떤 것을 먹으면 좋겠느냐고 물었다.

행색을 봐서는 그렇게 많은 돈을 지불한 능력이 없어 보였지만, 나는 성심성의껏 상담했다. 그 노인은 상담 후 자식별로 맞는 제품을 두세 가지씩 적더니 상품 안내장을 달라고 했다. 집에 가서 다시 한 번 살펴보고 결정하겠다며 떠났다. 나는 솔직히 큰 기대는 하지 않았다. 일단 그분의 외모가 신뢰를 주지 않았고, 생각해 보고 결정해서 연락을 주겠다는 고객치고 연락하는 고객이 거의 없었기 때문이다. 그런 속마음이 있었기에 연락처도 메모해 놓지 않았다.

그 후 일주일 정도 지나 머릿속에서도 지워 버렸을 때쯤 그 노인이 다시 찾아왔다. 그리고 한두 가지 제품만 조정하더니 내가 권해준 제품을 모두 사 갔다. 하마터면 큰 실수를 할 뻔한 상황이었다. 겉모습만 보고 데면데면했거나 건성으로 대했다면 큰 계약을 놓칠

뻔했다. 이런 상황이 세일즈 현장에서는 자주 일어난다. 사람의 겉모습이 그 사람의 전부가 아님을 보여주는 사례다.

대학을 졸업한 지인의 딸이 서울에 있는 큰 대학병원에 취직을 했다. 그 딸이 하는 말을 들어 봐도 겉모습이 얼마나 쓸모없는 것인지 알 수 있다. 길에서 만나면 눈길 한 번 안 주게 생긴 사람들이 박사고, 의사라는 것이다.

영업인은 현장에서 수많은 가망고객과 부딪힌다. 그들을 세심하게 분석하여 구매 가능자와 구매 불가능자를 단번에 가려내기란 쉬운 일이 아니다. 유력한 가망고객이라고 생각했던 사람이 끝내 거절하고 전혀 예상치 못했던 사람이 충성고객이 되는 일이 얼마나 흔한가. 그만큼 겉모습으로 가망고객을 가려내는 것은 만만한 일이 아니다. 영업인이 눈여겨볼 만한 '외모의 오류'에 대한 좋은 예가 말콤 그래드웰이 쓴 『블링크』에 나와 있다.

자동차 세일즈맨 보브 골롬은 한 달에 20대의 차를 파는 놀라운 저력의 사나이다. 이는 자동차 세일즈맨 평균 판매량의 두 배가 넘는 실적이다. 그에게는 차분하면서도 주의 깊은 지성과 공손한 매력이 있다. 그는 생각이 깊고 주도면밀하다. 그는 훌륭한 경청자다. 그는 자신이 세일즈맨으로서 행동하는 데는 세 가지 단순한 규칙이 있다고 말한다.

"고객을 소중히 대하라. 고객을 소중히 대하라. 고객을 소중히 대하라."

그러나 골롬의 성공에는 중요한 이유가 또 하나 있다. 그는 고객의 욕구와 기분에 대해서는 순간적인 판단을 수없이 내렸지만 결코 외모로는 판단하지 않으려 한다는 것이다. 그는 문 안으로 걸어 들어오는 사람은 누구나 차를 살 가능성이 똑같다고 생각한다.

"이 비즈니스에서는 사람들을 예단할 수 없습니다. 예단은 죽음의 입맞춤입니다. 우리는 모든 사람에게 최선의 시도를 해야 합니다. 풋내기 세일즈맨은 고객을 보고 이렇게 생각합니다. '이 사람은 차를 살 것처럼 보이지 않아.' 이것은 최악의 자세입니다. 때로는 전혀 살 것 같지 않았던 사람이 대박인 경우도 있거든요. 제 주요 고객 중에는 농사를 짓는 분이 계시는데, 여러 해 동안 그에게 모든 종류의 차를 다 팔았습니다. 악수를 하면서 계약을 끝내고 나면 그는 제게 100달러짜리 지폐를 한 장 건네며 말합니다. '내 농장으로 보내 주십시오.' 우리 사이에는 배송 계약서도 필요 없습니다. 당신이 지금 이 자리에서 쇠똥 묻은 작업복을 걸친 그를 본다면 아마 귀한 고객이라고 생각하지 않을 겁니다. 하지만 사실 우리 업계의 표현을 빌리자면, 그 사람은 현찰 덩어리죠. 또 사람들은 10대 아이들을 내쫓아 버리는 경우가 간혹 있는데, 그날 밤 그 아이들이 엄마, 아빠를 대동하고 와서 차를 고릅니다. 계약서를 작성하는 사람은 물론 다른 세일즈맨이죠."

영업인들이 모두 보브 골롬과 같지는 않다. 미래경영연구원 김순열 팀장이 겪은 일은 이런 면에서 미숙한 영업인들의 모습을 잘 보여준다.

김 실장 남편이 운영하는 회사에서 트럭이 한 대 필요했다. 김 실장은 어떤 트럭이 있는지 알아보기 위해 혼자 자동차 영업소를 방문했다. 매장 안을 들어서자 한 직원이 다른 고객과 상담을 하고 있었다. 김 실장은 상담을 하는 직원이 고객에게 집중하여 자신을 보지 못했을 것이라고 생각했다. 혼자 5분 정도 매장을 둘러보는데 그 직원이 잠깐 일어나더니 고개를 돌려 김 실장을 보았다. 그랬는데도 김 실장을 무시하고 다시 그 고객과 상담을 하는 게 아닌가.

물론 여기서 두 가지 상상이 가능하다. 첫 번째는 이 직원이 고객과 진지하게 상담 중이라 다른 데 주의를 기울이지 않은 것이고, 두 번째는 여성이 혼자 매장을 둘러보고 있으니 차를 살 것이라고는 기대하지 않은 것이다. 게다가 트럭이라니……. 이 영업인은 직관체계를 가동한 것이다. '말쑥하게 차려입은 중년 여성이 혼자 와서 트럭을 살 리는 없지.' 하고 영양가 없는 사람쯤으로 생각했으리라.

잠깐이라도 지금 상담 중이니 잠시 기다리라고 하며 자리에 앉을 것을 권하든지, 다른 직원에게 연락하여 상담을 받을 수 있도록 조치를 취하든지 하는 식으로 뭔가 응대를 했어야 했다. 그 영업인은 섣부른 판단으로 차 한 대를 잃고 말았다.

이처럼 고객을 섣불리 판단하면 큰 손해를 볼 수도 있다. 고객은 백이면 백 당신의 첫인상 혹은 겉모습을 보고 판단하겠지만, 당신은 백이면 백 모든 사람이 고객이라고 생각해야 한다.

잡담을 즐겨라

모임에서 분위기를 주도하는 사람이 있다. 그들은 특별한 주제도 없는 가벼운 이야기로 주위를 집중시키는 재주, 즉 잡담 능력이 있다. 어떤 사람들은 잡담을 한낱 하찮은 것쯤으로 치부해 버리기도 하지만, 대인 관계는 잡담에서 출발한다고 해도 과언이 아니다.

늘 무거운 주제, 반드시 필요한 말, 알맹이 있는 말만 한다면 신중하고 사려 깊은 사람으로 인정받을 수는 있겠지만, 대인관계에서는 어려움을 겪을 것이다. 처음 만난 사람이나 사회에서 이해관계 없이 만나는 사람들 간에 무슨 신중한 이야기를 얼마나 하겠는가. 그런데 잡담은 사람과 사람 사이를 빨리 그리고 가깝게 만드는 윤활유 역할을 한다.

그렇기 때문에 영업인이라면 마땅히 잡담 능력이 있어야 한다.

영업인들은 늘 가망고객을 만난다. 그전부터 알고 지내는 사이일 수도 있고, 오늘 처음 만나는 사람일 수도 있다. 그들을 만나서 어떻게 대화를 시작하는 것이 좋을까? 만나자마자 상품 설명을 할 수는 없지 않은가? 다짜고짜 계약하자고 들이댈 수도 없지 않겠는가?

고객과의 첫 대화는 칭찬으로 시작하면 좋다. 무슨 이야기를 해야 할지 모르겠거든 일단 칭찬을 하라. 칭찬은 잡담의 시작이자 대화의 문을 여는 열쇠다. 분위기가 좋아지는 것은 두말할 것도 없다. 고객을 만나자마자 눈에 띄는 것부터 칭찬해 보라. 고객의 헤어스타일, 패션, 액세서리 같은 것이 모두 칭찬거리다.

그러나 칭찬을 잘하려면 상대의 장점을 찾아내려는 노력을 기울여야 한다. 그리고 대화를 이어 나가려면 잡담 능력이 필요하다. "사장님 회사 분위기가 무척 좋습니다. 특별한 비법이 있나요?"라고 칭찬했을 때, 가망고객이 "특별한 것은 없습니다."라고 하면 말문이 막혀 버린다. 이럴 때 잡담이 필요하다. "사장님, 그래도 뭔가가 있으시겠죠. 제가 아는 어느 중소기업 사장님은……."처럼 당신이 알고 있는 시시콜콜한 이야기로 대화를 이어 갈 수 있다.

잡담에서 당신은 주도권을 쥐려 하기보다 고객에게 주도권을 주어야 한다. 당신이 말을 많이 할 필요는 없다. 그러려면 질문을 많이 해야 한다. 잡담의 시작을 적절한 질문으로 하든지, 고객의 이야기를 질문으로 받는 것이다. 질문은 당연히 가망고객이 흥미로워할 만한 것이 좋다. 자녀에 관한 이야기가 화제로 올랐을 때를 예로 들어 보자.

"우리 애가 이번에 해외 어학연수를 간다는데 돈이 많이 드네요."
라고 했을 때 "어학연수가 반드시 필요할까요? 저도 우리 아이를 보내 봤는데 큰 효과가 없더라고요."라고 말하면 더 이상 잡담이 진행될 수 없다. 마찬가지로 "우리 애는 호주로 갔었는데요……."라면서 자신의 이야기만 주저리주저리 늘어놓는 것은 잡담이 실패로 끝나는 지름길이다. 고객이 계속해서 말할 수 있도록 질문하는 게 중요하다. 즉, 고객 위주로 잡담을 이어 가야 한다. "어느 나라로 가는데요?"라고 묻거나 "얼마 동안 간답니까?"와 같은 질문을 하면서 고객이 말할 때는 적당히 맞장구를 치면 된다.

가망고객을 방문했을 때, 남들에게 자랑하고 싶어 하는 소품을 발견할 때가 있다. 감사패나 상장, 일류 대학 동창회 명부, 유명인과 함께 찍은 사진 같은 것들 말이다. 이런 것을 발견했다면 좋은 분위기를 만들어 고객과 가까워질 수 있는 절호의 기회를 얻은 것이다. 그냥 지나치면 안 된다. 이럴 때는 반드시 다음과 같은 질문을 던져야 한다.

- "고객님, 지역에서 좋은 일 많이 하시네요?"
- "어머! 이분도 아세요? 어떻게 알게 되셨어요?"
- "사장님, 이렇게 좋은 대학 출신이셨어요?"

이렇게 가망고객을 띄워 주거나 공통점을 발견하여 잡담을 유도하면 분위기가 좋아지고 고객의 신뢰를 얻을 수 있다. 조간신문에

서 읽은 것이나 일상의 사소한 사건 사고도 좋은 잡담거리다. 그런
데 이때 주의할 점이 있다. 다음과 같이 지나치게 한쪽 편에서 말하
는 것은 금물이다.

- "이번 경기 침체는 무조건 정부 책임입니다. 대통령이 잘해야 하는데……."
- "종교인들은 모두 이기주의자들입니다. 이번 ○○ 교회 문제를 보더라
  도……."

이처럼 한쪽 입장에 치우친 상태로 잡담을 시작해서는 안 된다.
또한 잡담 주제로 어울리지 않는 무거운 주제는 자칫 말다툼으로 번
질 수도 있다. 분위기를 좋게 하기 위해 시작한 잡담으로 인해 오히
려 낭패를 볼 수 있기 때문이다. 고객의 성향을 정확히 파악하지 못
했다면, 다음과 같은 말로 화제를 돌리거나 중립을 유지해야 한다.

- "이번에 김연아가 불우 이웃 성금으로 2억 원을 냈더군요."
- "독감이 유행이라네요. 저도 지난주에 며칠 고생했어요."

이렇게 사소한 일, 알맹이 없는 것, 누구에게도 비밀이 아닌 것 등
이 좋은 잡담거리다. 그러나 험담은 잡담이 아니다. 당신이 먼저 험
담을 시작하지 않았더라도 가망고객이 앞장서서 험담을 한다면 어
떻게 해야 할까? 고객의 말에 맞장구치며 동조해야 할까? 아니면 정
색하면서 "저는 절대 남 뒤에서 험담은 안 합니다."라고 말해야 할

까? 둘 다 좋은 방법이 아니다. 이때는 슬쩍 분위기를 전환하거나 대화 주제를 바꾸는 게 좋다.

■ 취약성의 법칙

잡담을 할 때 자신의 약점을 슬쩍 꺼내 놓는 것도 상대방과 친밀감을 형성하는 데 효과적이다. 오리 브래프먼과 롬 브래프먼 형제가 공동 작업한 『클릭』에는 친밀감을 촉진하는 방법이 나와 있다. 그중에서 영업인이 고객과의 친밀감을 높이기 위해 적용할 수 있는 취약성에 대한 것을 살펴보자

취약성이란 자신의 나약한 모습을 상대방에게 그대로 드러낸다는 의미다. 상대방에게 약점을 그대로 노출할 때, 사람들은 대부분 자존심에 상처를 입는다. 하지만 관계 형성이라는 차원에서 바라볼 때, 이는 대단히 긍정적인 시도다. 자신의 취약성을 보여줌으로써 영업인은 고객과 보다 쉽게 친밀감을 형성할 수 있다.

친밀감을 높이느냐 마느냐의 관점에서 보면 대화에도 5단계가 있다. 한쪽 끝에는 가장 형식적인 표현이 놓일 것이다. 이는 감정을 거의 드러내지 않는 말들을 의미한다. 예를 들어, "안녕하세요? 만나서 반가워요."와 같은 일상적인 인사가 여기에 해당한다. 이러한 대화들은 일상생활에서 윤활유와 같은 역할을 한다. 우리가 이런 인사를 건네는 이유는 상대에게 특별한 메시지를 전달하려는 것이 아니라, 만남을 좀 더 부드럽게 만들고자 하는 것이다.

형식적인 표현 바로 옆에 객관적인 표현이 있다. 가령 "전 서울에

서 살고 있어요.", "어떤 일을 하고 계신가요?" 등과 같이 개인적인 감정이 별로 담겨 있지 않은 말들이 그것이다.

그다음으로 주관적인 표현이 있다. 이는 특정 대상에 대한 자신의 의견을 표현하는 것을 말한다. 가령 "그 영화 정말 재밌던데요?", "오늘 헤어스타일 멋진걸요?"와 같은 표현들이 이에 해당한다. 단, 주관적인 말을 할 때는 어느 정도 위험을 감수해야 한다. 자신의 의견을 표현함으로써 상대방과 충돌할 수 있는 위험성이 도사리고 있기 때문이다. 물론 여기서의 위험성은 비교적 가벼운 것이다. 지금까지 세 단계, 즉 형식적 · 객관적 · 주관적 표현은 모두 '사무적' 대화에 해당한다. 사무적인 대화에 해당하는 표현들은 감정보다는 정보를 중점적으로 전달하는 의사소통을 말한다.

여기서 한 걸음 더 나아가면, '관계 지향적' 대화를 나누게 된다. 자신의 약점을 솔직하게 드러내는 것 또한 관계 지향적 대화에 해당한다.

그다음 단계는 심리학자들이 말하는 '감정을 드러내는 표현gut-level'이다. 가령 "당신이 여기 없으니 참 아쉽군요.", "함께 있어 주서서 너무나 든든합니다."와 같은 말들이 이에 속한다. 이러한 표현들은 모두 개인적이고 감정적인 메시지를 직접적으로 전달한다. 사람들은 대개 자신이 신뢰하는 가까운 사람들에게 이와 같은 표현을 한다.

마지막 단계는 무척 가까운 사람들 사이에서도 좀처럼 하기 힘든 표현인데, 이를 '피크peak 표현'이라고 한다. 피크 표현이란 가장 사적인 부분, 예를 들면 자신의 취약점까지 상대방에게 그대로 공개하는 것이다. 그만큼 상대방과 충돌할 수 있는 가능성도 높아진다. 예를 들어, "내가 아이들을 제대로 보살피지 못한다니 정말 어이가 없군요. 지금 내 기분이 어떤지 짐작이나 하세요? 정말로 내가 그 정도밖에 안 된다고 생각하는 거예요? 당신이 그렇게 생각하다니 정말 실망이네요."와 같은 부부간의 대화를 생각해 볼 수 있다.

스토니브룩 대학의 애런 교수는 오랫동안 인간관계에 대한 연구를 해 왔다. 그의 주장에 따르면, 사람 간에 친밀감을 형성할 수 있는 최고의 비결은 대화 과정에서 감정적인 단계를 조금씩 높여 가는 것이라고 한다. 형식적·객관적 단계의 표현들은 깊은 관계를 형성하는 데 직접적인 도움이 되지는 않지만, 그러한 관계를 쌓아 나가기 위한 출발점으로서 영향을 미친다.

이와 같은 주장을 뒷받침하기 위해, 애런 교수가 주축이 된 연구팀은 한 가지 실험을 했다. 그들은 넓은 강의실에 서로 모르는 학생들을 모아 놓고 두 사람씩 짝을 짓도록 했다. 그리고 서로의 파트너와 25분간 대화를 나누도록 했다. 그중 절반의 그룹에는 객관적·주관적 단계에 해당하는 대화 주제의 목록을 주었다.

가령 가장 기억에 남는 선물, 할로윈데이 때 했던 일, 가장 즐거웠던 휴가, 일어나고 잠드는 시각, 지난달에 열심히 보았던 TV 프로그램, 가장 가 보고 싶은 해외 관광지 등에 대한 것이었다. 이러한 종류의 질문들은 어느 모임에 가서나 쉽게 거론될 수 있는 주제에 해당한다.

두 번째 그룹에도 마찬가지로 객관적·주관적 단계의 표현 항목들을 제시했다. 가령 전화를 걸기 전에 무슨 말을 할지 먼저 생각해 보는지, 최근에 노래를 불러 본 것이 언제인지 등이었다. 대화가 어느 정도 진행될 즈음 이 그룹의 멤버들에게 다른 주제를 다시 한 번 제시했다. 이번에는 개인적인 감정을 더 많이 드러낼 수 있도록 가장 소중한 추억은 무엇인지, 자신의 삶에서 사랑과 우정이 얼마나 큰 비중을 차지하고 있는지, 그리고 가족들 사이가 얼마나 가까운지에 대한 항목들로 대화를 나누게끔 유도했다.

그리고 30분 정도 흘렀을 때, 연구원들은 두 번째 그룹의 대화 주제 수위를 더 높였다. 예를 들어, "지금까지 살아오면서 가장 힘든 순간은 언제였는가?", "지금 당신의 가족들 중에 누구의 죽음이 당신에게 가장 충격적일 것이라고 생각되는가?"라는 질문을 던졌다. 이런 종류의 질문에 답하기 위해서는 사적인 부분을 많이 드러낼 수밖에 없다.

실험 결과, 두 그룹의 반응은 큰 차이를 보였다. 총 45분간의 대화를 마친 뒤, 애런 교수는 참여한 학생들에게 상대방에 대해 어떻게 느꼈는지 설문조사를 실시했다. 예상대로 형식적 단계부터 피크 단계로 진행됐던 두 번째 그룹의 학생들이 첫 번째 그룹의 학생들보다 서로에게 친근감을 더 많이 느낀 것으로 나타났다.

그런데 이보다 더욱 놀라운 사실은 2주 후에 드러났다. 애런 연구팀은 실험 후 학생들의 심리 상태를 확인하기 위해, 앞서 실험에 참여했던 학생들을 다시 강의실로 불러들였다. 그런데 특이한 패턴이 확연히 눈에 띄었다. 두 번째 그룹에 속했던 대부분의 학생들이 서로 짝을 지어 앉아 있는 것이었다. 게다가 그들은 실험이 끝난 후에도 개인적으로 종종 만났다고 한다. 실험에서 두 번째 그룹의 학생들이 보여주었던 친밀감이 실험 이후에도 지속적으로 유지되고 있었던 것이다.

이 실험 결과는 대단히 흥미롭다. 물론 형식적인 대화에서 깊이 있는 대화로 나아간 학생들이 강한 친근감을 느끼는 것은 상식적인 결론이 아니냐는 지적이 있을 수도 있다. 하지만 이 실험 속에는 중요한 메시지가 담겨 있다. 그것은 취약성을 일부러 드러내려는 시도가 친밀감을 형성하는 과정에서 매우 중요한 역할을 한다는 사실이다.

이처럼 자신의 약점을 드러내려는 시도는 관계 형성에 있어 큰 영향력을 발휘한다. 자기 공개는 대부분 신속한 친밀감 형성으로 이어진다. 자기 공개의 강력한 효과를 제대로 실감하지 못한 사람들은 그 힘을 과소평가하는 경향이 있다. 그런 사람들은 반드시 필요한 경우가 아니면 자신의 본모습을 잘 드러내지 않는다. 하지만 적절하게만 활용한다면, 자기 공개는 상대방과 친밀감을 형성하는 가장 강력한 무기가 될 수 있다. 그 과정에서 상대방을 신뢰하고, 깊이 이해하고, 의미 있는 관계로 발전하고자 하는 진지한 의도를 전달하는 것은 당연하다.

이 취약성의 법칙은 영업인들이 고객과 상담할 때나 대화할 때 자주 활용할 수 있는 법칙이기도 하다. 어떤 고객들은 영업인을 만나 자신들의 배우자 문제, 자식 문제, 고부 갈등, 경제적 문제 등을 하

소연한다. 이때 고객의 문제에 깊이 공감하면서 자신도 그러한 문
제로 고민하고 있다고 털어놓고 함께 해결책을 나눈다면 친밀감을
높이기가 훨씬 수월할 것이다.

비언어적 신호가 중요하다

사람들은 같은 말이라도 어떻게 표현하느냐에 따라 다르게 받아들인다. 전문 강사들은 청중의 평가에 무척 예민하다. 특히 성인을 대상으로 하는 강의는 더욱 그렇다. 강사는 강의 준비를 얼마나 많이 했느냐에 상관없이 얼마만큼 호응을 받느냐가 중요하다.

필자가 운영하는 미래경영연구원에서는 '사람답게'를 주제로 매월 1회씩 강의를 진행하고 있다. 전문가들을 초청하여 '감사', '공감', '용서', '행복' 같은 주제로 강의를 한다. 강의 후에는 수강생들에게 강의 전반에 대한 피드백을 받는다. 수강생들이 좋았다고 평가하는 강의는 일단 지루하지 않은 강의라는 전제 조건이 있다. 강사가 재미있고, 열정이 있어야 좋은 강의라고 평가받는다. 아무리 강의 내용이 좋거나 깊이 있더라도 너무 진지하게 강의한다면 좋은 평가를 받지 못한다. 강사의 비언어적인 태도도 강의 평가에 큰 영향을 미치는 것이다. 매튜 헤르텐슈타인의 저서 『스냅』에서는 좋은 평가를 받는 강사란 어떤 이들인지 실험 결과를 보여준다.

날리니 앰바디와 로버트 로젠탈은 사람들이 얼마나 빨리 강사의 자질을 추론하는지를 실험해 보기로 했다. 연구자들은 하버드 대학교에서 대학원생 조교가 학부생들을 대상으로 수업하는 장면을 녹화했다. 과목은 인문학, 사회과학, 자연과학 등 다양했다. 학기 말에 수업을 들은 학생들은 다음 사항을 점수로 평가했다.

- "수업의 질을 전반적으로 평가하시오."
- "강사의 능력을 전반적으로 평가하시오."

연구자들은 특정 강사에 대한 전체적인 점수를 알고자 개별 학생들의 평가 점수에서 다시 평균을 냈다. 그리고 해당 강사에게 수업을 들은 적이 없는 학생들에게 녹화한 영상을 보여주었다. 실험 참가자들은 해당 강사의 자신감, 호감도, 열정같이 다양한 비언어적 행동에 대한 점수를 매겼다.

그러나 연구자들은 영상 전체를 보여주지 않았다. 그들이 본 것은 강사 한 명당 30초 분량으로 편집한 짧은 영상이었다. 강사를 전혀 모르는 학생들에게 이 같은 짧은 비디오를 보여주면서, 심지어는 녹음한 소리까지 제거했다.

결과는 놀라웠다. 이전까지는 강사를 전혀 몰랐던 낯선 실험 참가자들이 불과 30초 분량의 영상만을 보고 강의 평가에서 높은 평가와 낮은 평가를 받은 강사들을 구별해 낸 것이다. 청강한 학생들에게서 수업 내용도 좋았고 강의도 훌륭하게 했다는 평가를 받은 강사들은 비언어적 행동만 보고 평가한 실험 참가자들에게서도 활발하고, 적극적이고, 도움을 주고, 자신감 있고, 호감이 가고, 지배적이고, 유능하다는 평가를 받았다.

몇 가지 후속 연구에서도 같은 결과를 얻었다. 훌륭한 강사는 표정, 손짓, 몸짓, 목소리 등을 통한 표현이 풍부하고, 가만히 앉아 있기보다는 강의실을 활발히 돌아다니며 강의한다. 또한 그들은 열정이 느껴지는 신호들을 마구 쏟아내며 강의 내용에 힘을 실어 줘서 청중을 압도한다.

당신이 고객을 만났을 때 어떻게 행동해야 하는지 잘 보여주는 실험 내용이다. 고객을 만나서 계약을 성사시키기까지 해당 분야에서 전문가라는 인상을 심어 주면서 열정적으로 상품에 대해 설명했을 때 고객의 호감을 얻을 수 있다는 것이다. 심리학자들은 앞의 실험과 비슷한 방법으로 유능한 영업인을 구별해 내는 실험을 했다. 이 내용도 앞에서 언급한 『스냅』에 나와 있다.

연구자들은 어느 미국 대기업 고위 경영진에게 자사 영업부장 몇몇에 대해 그들의 판매 실적과 관리자의 평가서를 근거로 하여 '보통' 혹은 '뛰어남'으로 등급을 매겨 달라고 요청했다. 그리고 조사자들은 영업부장들을 만나 면담을 하면서 학력, 경력은 물론 그동안 일하면서 겪은 긍정적인 경험과 부정적인 경험 등을 파악했다.

그리고 그들 각각의 면담 내용을 비디오테이프에 녹화한 후, 무작위로 골라서 20초짜리 짧은 영상 세 개를 만들었다. 첫 번째 영상은 학력과 경력에, 두 번째 영상은 긍정적인 경험에, 마지막 영상은 부정적인 경험에 초점을 맞추었다. 이어서 연구자들은 이들 영업부장과 관련 없는 평가자 여덟 명에게 해당 영상을 개별적으로 보여주고, 각각의 영업부장에 대해 여러 각도에서 점수를 매기도록 했다. 전문성, 결단력 같은 업무 관련 변수, 온화함, 공감도, 예민함 같은 대인 관계 자질, 마지막으로 불안 등을 포함했다.

평가자 여덟 명은 실적이 뛰어난 영업부장과 보통인 영업부장을 어렵지 않게 구분했다. 흥미롭게도 불안과 인내심, 결단력 같은 업무 관련 점수들은 영업부장의 역량에 대한 평가에 영향을 미치지 못했다. 그보다 더 크게 영향을 미친 것은 영업부장의 대인 관계 자질이었다. 평가자들은 평범한 영업부장들에 비해 뛰어난 실적을 보이는 영업부장들을 더 인정 많고, 협동심이 강하며, 힘이 세고, 이해심 많고, 열정적이고, 협조적이며, 공감 능력이 뛰어나고, 예민하다고 평가했다.

이제 당신이 유능한 영업인이 되는 방법은 보다 확실해졌다. 상품 지식을 외워 수려한 말솜씨를 자랑한다고 해서 고객이 좋아하는 것은 아니다. 비언어적 기술을 효과적으로 활용할 줄 알아야 한다. 비언어적 기술에는 우리가 사소하다고 생각하는 것들이 포함되어 있다.

예를 들면, 이런 것들이다. 날씨가 쌀쌀한 날에 방문한 고객에게 따뜻한 음료를 대접할 것인가, 시원한 음료를 대접할 것인가 하는 문제 같은 것 말이다. 물론 따뜻한 음료를 제공하는 것이 정답이다. 이렇게 하면 고객은 영업인을 따뜻한 사람으로 여기고, 더 관대한 사람으로 본다. 특히 손잡이 없는 찻잔을 사용하여 따뜻한 느낌을 손으로 직접 느낄 수 있도록 하는 게 효과적이다. 네모난 테이블보다는 원탁이 좋고, 푹신한 쿠션이나 의자를 미리 준비하는 것도 고객의 태도를 한결 부드럽게 만들어 준다.

고객의 눈은 정확하다. 당신을 단 10초, 20초만 보고도 믿을 만한 사람인지 그렇지 않은 사람인지 평가를 내린다. 숙고체계보다는 직관체계를 사용해서 빠르게 판단하는 것이다. 그러니 이제 고객을 만날 때는 당당하고 열정적인 태도로 상품 설명을 하도록 하자. 더불어 인정 많고, 협조적이며, 이해심이 많고, 공감 능력이 뛰어나다는 평가를 받도록 노력해야 한다.

고객을 따라 하며 공감대를 넓혀라

이유 없이 얄미운 사람이 있다. 특별히 잘못한 것이 없는데도 말이다. 그런데 아무런 이유 없이 좋은 사람도 있다. 이런 사람에게는 마음의 문도 쉽게 열고 금방 친해진다. 경쟁이 치열한 영업 현장에서는 이런 일도 일어난다. 갑이라는 영업인이 열심히 다니며 상품 설명을 하고 이런저런 선물 공세까지 펼쳤지만, 결국에는 을이 가서 계약하는 경우 말이다. 갑과 을은 과연 무엇이 다른 걸까? 고객은 왜 을에게만 마음을 열었을까?

고객은 자신과 잘 통하는 사람에게서 물건을 사고 싶어 한다. 즉, 영업인이 아무리 마음을 열고 다가가도 고객이 마음을 굳게 잠가 버리면 계약은 성사될 수 없다. 고객의 마음을 활짝 열려면 고객과의 공감대를 형성하는 것이 중요하다. 이것이 바로 세일즈의 핵심 기술이다. 고객이 마음을 열지 않는데 어떻게 마주 앉아 진실한 이야기를 나눌 수 있겠는가.

우리 뇌 속에 있는 거울 신경세포는 인간이 공감하는 동물이라는 대표적인 증거라 할 수 있다. 텔레비전이나 영화에서 교통사고 현장이나 끔찍한 장면이 나오면 사람들은 자신도 모르는 사이 얼굴을 찡그리곤 한다. 또 안타까운 사연이 나오면 안타까운 표정을 짓고, 재미있는 장면이 나오면 미소를 짓게 된다. 축구 경기를 보다가 어느새 "슛, 슛!" 하며 함께 발이 올라가는 것도 모두 거울 신경세포 때문이다. 이런 반사적인 행동을 '정서적 전염'이라고 하는데 모두 무의식적으로 일어나는 것이다.

이런 거울 현상은 우리의 평범한 일상에서도 자주 볼 수 있다. 사랑하는 사이나 친밀한 관계의 사람들이 테이블에 앉아 대화하는 모습을 눈여겨본 적이 있는가. 그들은 자신도 모르게 상대방의 자세나 행동을 따라 하곤 한다. 한 사람이 턱을 괴면 상대방도 턱을 괴고, 다리를 꼬면 함께 다리를 꼬는 등의 행동들은 무의식적으로 일어나는데 모두가 거울 신경세포 때문이다.

이처럼 거울 신경세포는 감정이입에 중요한 역할을 한다. 특히, 고객의 신뢰를 얻어야 하는 영업인에게 이것은 매우 중요하다. 당신이 고객의 행동을 따라 한다면 그만큼 신뢰 관계를 형성하는 데 훨씬 유리해진다.

신경심리학자들은 상대방의 자세, 몸짓, 말투, 억양 따위를 마치 거울에 비친 것처럼 그대로 따라 한다면 상대방의 무의식과 접속할 수 있다고 말한다. 이 말인즉슨 서로 간에 친밀감이 높아지고 유대감을 느끼게 된다는 의미다.

미국 캘리포니아 대학교 리버사이드 캠퍼스의 로렌스 로젠바움 교수의 연구가 이런 사실을 뒷받침한다. 이 연구에 따르면, 사람은 누가 됐든 대화 상대방과 공감하기 위해 상대의 억양, 콧소리, 말투 같은 것을 무의식적으로 따라 한다고 한다. 실험 참가자들에게 테니스, 양배추 같은 단순한 어휘 80개를 다른 사람이 소리 없이 입 모양만으로 말하는 것을 관찰하게 했다.

그 후 다시 입 모양만으로 한 단어를 말하는 모습을 보여준 뒤, 주어진 두 가지 답안 중 정답이라고 생각하는 단어를 소리 내어 답하도록 했다. 그 결과, 실험 참여자들은 자신의 평소 말투가 아닌 다른 사람이 입 모양만으로 들려주던 방식으로 단어를 소리 내어 말했다.

로젠바움 교수는 "인간의 뇌는 선천적으로 상대방과 유대감을 느끼기 위해 상대의 말을 끊임없이 모방하도록 설계되어 있다."면서 "난생처음 본 사람, 외국인, 입술 모양만으로 말하는 모습만 봐도 그저 따라 하게 되어 있다."라고 말했다. 이어서 그는 "인간은 태어나서 죽을 때까지 끊임없이 모방하는 존재이며, 말투 외에 버릇, 자세, 얼굴 표정 같은 세밀한 부분도 따라 한다."라고 덧붙였다.

언제부터인지 정확히 기억나지는 않지만, 필자는 아내에게서 텔레비전을 볼 때 소리가 너무 커서 시끄럽다는 말을 자주 들었다. 그 후 한참 만에 알게 된 것은 내 청력에 이상이 있다는 사실이었다. 청력에 이상이 있으니 다른 사람과 대화할 때도 목소리가 클 수밖에 없었는데, 당연히 필자는 이 사실을 몰랐었다.

그러다 우연한 기회에, 그러니까 조용히 이야기를 나누어야 하는 상황에서 내 목소리가 크다는 지적을 받았다. 필자는 '내 목소리가 뭐가 크다는 거지?' 하고 생각하다가 비로소 내게 청력 이상이 있음을 깨달았다. 그동안 버스 안, 전철 안, 조용한 커피숍에서 필자와 대화를 나눈 사람들은 얼마나 불편했을까. 그래서 요즘은 의도적으로 목소리를 낮춰 말한다. 필자의 청력 문제도 상대방과 공감대를 형성하는 데 반작용을 했으리라 생각한다.

당신에게는 혹시 존경하는 사람이 있는가? 그렇다면 그분의 패션 스타일이나 말투, 걸음걸이 등을 자연스럽게 따라 해 본 경험이 있지 않은가? 사랑하는 사이에서도 마찬가지다. 자연스럽게 그들의 행동과 말투가 닮아 가는 것은 서로의 행위를 흉내 내기 때문인데, 그만큼 서로에게 공감하고 있다는 의미다.

따라 하기 대상에는 몸짓, 호흡, 목소리, 언어, 감정 상태 등이 있다. 이에 대해 좀 더 자세하게 살펴보자.

■ 몸짓

턱 만지기, 다리 꼬기, 팔짱 끼기 같은 것을 따라 하는 것이 여기에 해당한다. 고객이 턱을 만지면 당신도 턱을 만지고, 다리를 꼬고 있으면 당신도 그렇게 하라. 그렇다고 눈에 띄게 노골적으로 따라 하라는 것은 아니다. 고객이 눈을 비비면 당신은 안경을 만지고, 고객이 손가락으로 깍지를 끼면 당신은 손바닥을 맞잡는 식으로 해 보라.

■ 호흡

고객의 숨 쉬는 속도나 깊이를 관찰하고 따라 하라. 빠르게 호흡하는가, 느리게 호흡하는가? 얕은 호흡을 하는가, 깊은 호흡을 하는가? 고객의 호흡 방식을 파악한 다음, 그에게 맞추려고 노력하라.

■ 목소리

목소리의 높낮이, 속도, 리듬, 성량 등을 고객에게 맞춰라. 고객이 부드럽고 낮은 음성으로 말하면, 당신도 저음으로 부드럽게 말하라. 말이 느리다면 당신도 천천히 말하라. 고객은 저음으로 나지막이 말하는데 당신은 고음으로 크게 말한다면, 고객은 당신에게 호감을 갖거나 공감대를 형성하기 어려울 것이다.

■ 언어

고객의 언어 습관을 세심하게 관찰하고 고객이 자주 사용하는 어휘는 당신이 말할 때도 그대로 반영하도록 한다. 이와 관련된 내용은 이미 제2장, '고객의 생각을 읽고 고객의 언어로 말하라'에서 자세하게 설명했다. 다시 한 번 그 부분을 정독하기 바란다.

■ 감정

고객의 슬픔, 기쁨, 들뜸, 즐거움과 같은 감정에 감정이입을 하며 동조하라. 이는 영업인이라면 기본적으로 갖추어야 할 태도다.

상대방의 동작이나 자세 가운데 앞의 다섯 가지를 잘 관찰하면서 따라 하면 된다. 그러나 이것이 생각처럼 쉬운 것은 아니다. 어설프게 하다가는 고객의 기분을 상하게 할 수도 있다. 중요한 것은 자연스러움이다. 그렇게 하기 위해서는 충분히 연습해야 한다.

아무런 이해관계가 없는 동창이나 이웃을 만나거든 연습해 보라. 상대방의 동작을 따라 하면서 공감대가 형성되고 나면, 당신이 자세를 바꿈으로써 상대방을 이끌 준비를 해야 한다. 즉, 상대방이 자연스럽게 당신의 동작을 따라 하도록 만드는 것이다. 당신이 이야기할 때 상대방이 무의식적으로 당신의 자세나 동작을 따라 하기 시작하면 완벽하게 공감대를 형성한 것이다.

불만을 털어놓게 하라

최후통첩 게임이라는 것이 있다. 이 게임에는 참가자 두 명이 등장해 돈을 분배한다. 한 참가자가 돈을 어떻게 분배할지 제안하면, 다른 참가자는 이를 받아들이거나 거절할 수 있다. 만약 제안을 받은 참가자가 '거절'을 택하면 두 사람 모두 한 푼도 받지 못하지만, '수용'을 택하면 처음 제안했던 참가자의 의도대로 돈을 분배한다. 경제학자들은 다양한 상황에서 이 실험을 진행했다.

김덕훈과 강미주는 처음 만난 사이다. 두 사람에게 100만 원이 생겼다. 덕훈이는 미주에게 돈을 배분할 결정권이 있고, 미주는 수락을 하거나 거절을 할 수 있다. 덕훈이가 10만 원을 준다고 하면 미주는 수락할까, 아니면 거절할까? 이성이 있는 사람이라면 이 제안을 수락하는 것이 당연하다. 10만 원이라도 받으면 이익이 되기 때문이다.

　하지만 실험 결과 그렇지 않았다. 배분율이 9 : 1 혹은 8 : 2가 됐을 때, 미주는 덕훈이의 제안을 거부할 확률이 높은 것으로 나타났다. 경제학에서 말하듯이 인간이 이기적이고 합리적인 경제 주체라면 자신이 받게 될 금액이 10만 원이든 20만 원이든 제안을 거절할 이유가 없다. 하지만 1982년 독일의 경제학자인 베르너 귀스 교수가 실시한 실험 결과는 꽤 흥미롭다. 제안자(김덕훈)가 평균 37%에 해당하는 몫을 수락자(강미주)에게 주었을 때, 즉 100만 원 가운데 약 40만 원가량이 자신의 몫으로 주어졌을 때에만 제안을 받아들인다는 것이다. 이를 '파이 나누기 게임'이라고도 하는데, 인간이 불평등에 얼마나 민감하게 반응하는지 잘 보여주는 실험이다.

　이 실험이 세일즈에 시사하는 것은 감정에 대한 것이다. 앞의 실험에서 제안을 받은 사람의 입장에서는 자신의 이익을 포기하면서까지 불공정한 분배를 거부함으로써 자존심을 지킨 것이다. 그러니 당신도 고객의 감정을 건드리지 않고 적절한 선에서 타협하는 것이 좋다. 파렴치한 영업인이 자신보다 많은 것을 얻도록 하느니 차라리 양쪽 다 망하는 쪽을 택하겠다는 감정이 고객의 마음에 자리 잡는다면 세일즈는 성공할 수 없다.

　그런데 상대방의 제안에 수락자가 자신의 기분을 표현할 수 있는 기회를 준다면 어떤 결과가 나올까? 예를 들어, 제안자가 100만 원 가운데 10만 원만 주겠다는 제안을 했다고 가정해 보자. 그런데 이번에는 수락자가 거부와 수락 가운데 선택할 수 있도록 하면서 "도

대체 이런 경우가 어디 있느냐? 금액이 너무 적다."라며 불만을 글로 적어 제안자에게 표현할 기회를 주었다.

그 결과, 감정을 표현할 기회가 있을 때가 없을 때보다 불공정 제안을 거부하는 비율이 줄어들었다. 즉, 제안을 거부하는 것은 감정을 표현하는 한 방법이며, 그것을 글로써 표현하자 불만족스러운 감정이 조금 누그러진 것이다. 이처럼 사람들은 문제가 해결되지 않더라도 자신의 답답함을 토로하고 난 후에는 불만족스러운 감정이 어느 정도 해소된 것처럼 느낀다.

타라 헌트가 쓴 『우피경제학』에서는 고객의 부정적인 반응에 대응하는 방법을 소개하고 있다. 감정적인 고객에게 대응하는 최악의 방법은 감정을 무시하는 것이다. 당장에 처리해야 할 핵심적인 문제가 있더라도 먼저 고객의 감정부터 다루어 줘야 한다. 가령 "정말 실망하셨겠어요."라고 말하면 상대방의 감정에 공감한다는 뜻을 전달하는 것이다. 이렇게 말하는 것은 대화를 부드럽게 이어 가는 데 중요한 역할을 한다.

일단 상대로부터 자신의 감정이 수용됐다고 느낀 고객은 당장 문제가 해결되지 않더라도 상대의 대답에 귀를 기울일 가능성이 높다. 또한 고객이 개인적으로는 당신에게 응어리가 남아 있더라도, 당신의 태도를 목격한 다른 사람들은 당신을 분별 있고 친절한 사람이라고 생각할 것이다. 따라서 당신에게는 신뢰가 더 많이 쌓이고 공정하다는 평가가 내려질 것이다. 다음의 버진 아메리카 항공사 사례는 고객의 부정적인 반응을 긍정적으로 대처하는 좋은 방법을 보여주고 있다.

어느 날 목적지 공항의 악천후로 비행시간이 지연되어 승객들은 3시간 후에 출발할 수 있다는 말을 들었다. 그때 정장을 차려입은 한 승객이 카운터로 다가가 불만을 토로했다. 그는 비행기가 늦게 출발하면 다른 공항의 환승 시간을 놓쳐 중요한 회의에 참석하지 못할 것이라며 흥분했다. 하지만 그 승객이 화난 것은 단지 이번 비행 때문만은 아니었다.

그는 버진 아메리카 항공사의 비행 지연이 이번만이 아니라 자주 일어나는 일이라며 큰소리로 고함을 질러댔고 다른 사람들도 그의 말을 듣게 되었다. 그러자 카운터를 지키던 한 여직원이 승객의 말을 주의 깊게 듣고서 훌륭하게 대답했다.

"실망스러운 점은 알겠습니다. 이번 비행기 지연에 대해 제가 어떻게 도와드릴 방법은 없지만, 다른 비행편과 환승 비행기를 알아보고 제시간에 목적지에 도착할 수 있도록 도와드리겠습니다."

이러한 대응은 그 승객의 흥분을 가라앉힌 것은 물론 주위에서 듣고 있던 다른 승객들도 버진 아메리카 항공사 직원의 친절함에 대해 칭찬하기 시작했다. 또한 이들은 다른 항공사에서 겪은 형편없는 서비스에 대한 이야기까지 주고받았다. 그 여직원의 적극적이고 공감적인 대응은 그 장면을 목격한 다른 승객들의 우피(좋은 평판)를 쌓는 데도 큰 도움이 되었다.

앞의 사례처럼 고객이 노발대발하며 불평불만을 이야기할 때는 고객의 마음에 공감해 주면서 끝까지 경청하는 게 중요하다. 고객이 화를 진정할 때까지 차분히 들어 줘야 한다. 당신은 여러 번 겪은 일이라 고객이 첫마디만 떼도 무엇을 말하려는지 알 것이다.

그렇다고 해서 고객의 말을 중간에서 자르고 다 안다는 듯이 말하는 것은 절대 금물이다. "고객님, 많이 걱정하셨죠, 저 같아도 그랬을 겁니다. 다 이해합니다."라고 말하며 고객의 입장을 충분히 공감해 준 뒤에 "혹시 다른 문제점이나 궁금한 점은 없으신가요?"라고 질문하여 고객이 충분히 자신의 이야기를 하도록 유도해야 한다. 이렇게 하면 고객은 당신을 신뢰할 것이다.

메이요 클리닉은 100년이 넘은 미국의 비영리 의료법인으로 환자를 최우선으로 생각하는 곳이다. 이 병원이 크게 성공하고 유명한 이유는 고객의 말을 경청하는 태도에 있다. 레너드 L. 베리와 켄트 D. 셀트먼이 쓴 『메이요 클리닉 이야기』를 보면, 이 병원 직원들이 얼마나 환자의 말에 귀를 기울이는지 자세히 나와 있다.

성공은 저절로 따라오는 것이 아니다. 편지에 나와 있는 환자의 경험을 살펴보면 메이요 클리닉에 오기 전에 이름난 의료기관 네 곳을 들렸지만, 그녀의 이야기에 귀를 기울여 듣는 곳은 아무 데도 없었다고 한다. 하지만 메이요 클리닉에서는 간호사가 장장 45분에 걸쳐 환자의 간에 대한 이야기를 경청해 주었다는 것이다.

그리고 그 환자를 만난 위장관 내과 의사도 충분한 시간을 할애해 이야기를 들어 주었다. 간호사와 의사는 환자에게 들은 이야기를 참고해서 근본 문제가 무엇인지 다양한 가능성을 추론해 냈다. 이렇게 추론한 내용을 염두에 두면서 의사는 문제의 근원을 파악하기 위해 의학 검사를 지시했고, 결국 수술을 통해 문제를 해결하기로 결론 내렸다. 이 환자의 입장에서 볼 때 메이요 클리닉의 환자 중심 접근 방법은 다른 곳에서는 찾아보기 힘든 서비스였다.

이 병원에는 의사를 위한 커뮤니케이션 교육과정도 있다. 이 교육과정은 의사와 환자 간의 개인적인 관계를 개선하기 위한 커뮤니케이션을 강조한다. 특히 교육과정은 의사들에게 환자가 처음 꺼내는 말에 끼어들지 말고 끝까지 경청하라고 가르친다. 그리고 이야기가 끝나면 "혹시 더 하실 말씀은 없으신가요?"라고 물어서 환자가 중요한 정보나 관련 사항을 감추고 있는지 확인하라고 가르친다.

당신도 고객의 불만을 듣기 위해 의도적으로 이런 질문을 해 보면 어떨까?

- "저와 거래하시면서 불만족스러웠던 점 한 가지만 지적해 주시겠습니까?"
- "저희가 어떻게 하면 고객님께 도움이 되겠습니까?"
- "고객님께서 원하시는 것을 저희가 충족시켜 드렸나요? 혹시 그렇지 못한 것이 있다면 말씀해 주십시오."
- "고객님, 계약 내용이 잘 생각나지 않으시면 다시 한 번 설명해 드릴까요?"
- "혹시 가입하신 보험에 대해 궁금한 점이 있으신가요?"

고객관리가 왜 중요한지 다른 각도에서 살펴보자. 다음에 두 가지 사례가 제시되어 있다.

■ 사례 1

　당신은 지금 자동차보험을 하나 가입하려고 한다. 이 보험사는 우리나라에서 손꼽히는 보험회사다. 소비자보호원 조사 결과, 고객 만족도에서 '만족' 85퍼센트, '불만족' 15퍼센트로 나타났다. 당신의 직장 동료가 2년 전 이 보험을 들고 자동차 사고를 냈는데, 사고 처리와 신속한 보상에 무척 만족해하는 것을 보았다. 직장 동료는 이왕 보험에 가입하려면 이곳으로 하라고 강력하게 추천하고 있다. 당신이라면 이 보험에 가입하겠는가?

■ 사례 2

　당신은 지금 자동차보험을 하나 가입하려고 한다. 이 보험사는 우리나라에서 손꼽히는 보험회사다. 소비자보호원 조사 결과, 고객 만족도에서 '만족' 92퍼센트, '불만족' 8퍼센트로 나타났다. 당신의 직장 동료가 2년 전 이 보험을 들고 자동차 사고를 냈는데, 사고처리와 보상에 늑장을 부려 애태우는 모습을 옆에서 지켜봤다. 아직도 보상 문제가 완전히 해결되지 않았다. 당신이라면 이 보험에 가입하겠는가?

　보통 사람이라면 '사례 1'에서는 가입하겠다는 사람이, '사례 2'에서는 가입하지 않겠다는 사람이 많을 것이다. 소비자보호원 조사 결과, 고객 만족도가 각각 85퍼센트와 92퍼센트가 나왔는데도 오히려 적게 나온 '사례 1'에 가입하겠다는 사람이 많은 것이다.

이는 구매 의사를 결정할 때, 객관적인 자료보다는 주관적인 사례를 바탕으로 판단하기 때문이다. 합리적인 선택을 한다면 당연히 '사례 2'의 경우에 구매하겠다는 사람이 많아야 한다. 그러나 고객은 신뢰할 만한 통계 자료를 토대로 합리적인 결정을 내리기보다 지인이 겪은 특별한 사례에 얽매여 주관적으로 판단한다.

그러니 고객의 입에서 불평불만이 터져 나오거든 그 고객의 불만이 주변 사람들에게까지 퍼져 나가기 전에 고객의 이야기에 경청하고 공감하며 불만을 해소시키는 데 주력해야 한다.

작은 선물을 자주 하라

당신은 그동안 살면서 받았던 선물 중에 어떤 선물이 가장 기억에 남는가? 필자의 아내가 임신했을 때의 일이다. 임신한 아내가 어느 날 유독 돼지 족발을 먹고 싶어 했는데, 그날 마침 친구가 와서 족발을 사 먹이고 갔다. 아내는 20년이 훨씬 지난 그 일을 아직도 잊지 못하고 종종 그날의 고마운 마음을 이야기하곤 한다.

필자 또한 그동안 살아오면서 이런저런 이유로 선물을 참 많이도 받았다. 학생 때는 주로 책을 받았고, 성인이 된 후에는 상품권, 현금, 식사 대접, 구두, 면도기, 넥타이 같은 것을 선물로 받았다.

그렇다면 이 중 어떤 선물이 가장 기억에 남았을까? 현금이나 상품권은 아니다. 식사 대접도 그렇다. 사용하면 사라지는 것들은 그때뿐이었다. 물론 아내가 족발을 기억하듯이 감동적인 것은 예외로 치자. 시간이 지나도 기억에 남는 것은 오랫동안 손때를 묻혀 오며 사용한 물건들이다. 성경책은 1989년 생일에 후배들이 사 준 것인데, 나는 아직도 이 성경책을 본다. 25년 이상 이 선물을 기억하고 있는 것이다. 전기면도기도 그렇다. 고장이 날 때까지 쓰니 10년 이상을 기억한다.

당신도 고객에게 선물할 때가 있을 것이다. 고객을 소개해 준 고마운 분께 선물할 때도 있을 것이다. 선물을 했는데도 고객이 고마워하지 않는다면 어떨까? 물론 그런 마음을 말로 표현하는 사람은 없겠지만, 애초에 선물한 사람의 목적은 사라지고 만다.

다음은 시카코 대학교 경영대학원 교수로 있는 크리스토퍼 시가 쓴 『선택에 기술』에 나오는 선물할 때의 방법인데 알아 두면 유용할 것이다.

■ 용의 꼬리보다 뱀의 머리가 낫다

선물하는 사람은 일반적으로 선물을 고를 때 여러 가지 물건을 두고 평가한다. 이것은 아주 전형적인 상대평가 과정이다. 그러나 선물을 받는 사람은 전혀 다른 상황이라는 사실을 잊지 마라. 선물을 받는 사람은 당신이 선물한 그 한 가지만 보고 절대평가를 한다.

선물을 사는 사람은 구매 활동을 하고, 선물을 받는 사람은 소비 활동을 한다. 선물에서는 이처럼 구매와 소비 활동의 주체가 뚜렷이 구분된다. 그러나 선물에서 무엇보다 중요한 것은 우리가 선물을 하는 목적이다. 선물은 상대방을 기쁘게 하기 위한 것이기 때문에 절대평가 상황을 염두에 두고 선택해야 한다.

선물을 할 때 그것이 얼마짜리인가는 생각보다 중요하지 않다. 그보다는 그 선물이 해당 상품군 중에서 얼마나 고급 제품인가가 더 중요하다. 비싼 상품군에서 최상품을 선물할 수 있다면 그보다 더 좋을 수는 없겠지만, 이것은 현실과 거리가 먼 이야기다. 또한 비싼 선물이 좋지 않을 때도 있다. 그러므로 일반적으로 비싸지 않은 상품군 중에서 최상품을 선물하는 것이 주는 사람의 체면도 살려 주고 상대방도 기쁘게 할 수 있다. 즉, 용의 꼬리보다 뱀의 머리가 낫다는 말이다.

■ 유용한 것이 쓸모없는 것만 못하다

가장 좋은 선물은 다 써서 없어지지 않고, 다시 누군가에게 줄 수 없고, 버릴 수 없는 것이라야 한다. 앞에서 말한 성경책과 전기면도기를 보자. 이런 선물이야말로 당신의 마음을 가장 잘 표현하고 받는 사람을 기쁘게 할 수 있다. 또 받는 사람에게 큰 감동을 주어 상대방이 당신을 오랫동안 잊지 못하도록 만들 수 있다. 써 버리거나 버려야 하는 선물은 시간이 지나면 그 의미가 점점 퇴색한다.

친구 결혼식에 축의금을 내는 것은 꽤 통속적이고도 금방 잊히는 선물 방식이다. 신랑, 신부는 하객들이 얼마를 냈는지 일일이 기억하지 못한다. 혹시 나중에 방명록을 보고 당신이 낸 축의금이 다른 이들의 축의금보다 월등히 많거나 월등히 적다면 평생 잊지 못할 수도 있겠지만 말이다.

그렇다면 다 써서 없어지지 않고, 다시 누군가에게 줄 수도 없고, 버릴 수도 없는 것 중에서 신랑 신부에게 맞춤형인 선물은 무엇일까? 당사자들의 특성을 나타낼 수 있는 것이라면 좋을 것이다. 예를 들어, 두 사람의 조각상을 선물한다면 꽤나 훌륭한 선택이 될 것이다. 조각상은 써서 없어지는 것도 아니고, 자신들의 조각상이니 남에게 줄 리도 없고, 버리는 일도 없을 것이다. 이렇게 정성을 담아 그 사람만을 위한 특별한 선물을 주면 상대방은 당신을 오랫동안 기억할 것이다.

선물을 받는 사람의 입장에서 보면 유용한 물건이 반드시 기쁜 것만은 아니다. 또한 주는 사람 입장에서도 선물의 목적은 상대방에게 실용성을 더해 주기 위한 것이 아니라 상대방이 당신에게 감동하고 오랫동안 기억하도록 만들기 위함이다. 이 점을 염두에 둔다면 상대에게 오래도록 기쁘게 기억되는 선물을 할 수 있을 것이다.

■ 필요한 것보다 사고 싶어 하는 것을 선물하라

다음 질문에 답해 보라. 장 사장은 그동안 회사 실적이 좋은데다 특별히 설을 맞이해 영업인에게 인센티브를 지급하기로 했다. 그는 지금 두 가지 방법을 놓고 고민하고 있다. 하나는 현금으로 30만 원을 주는 것이고, 다른 하나는 30만 원 상당의 최고급 호텔 식사권을 주는 것이다. 장 사장이 조언을 구한다면 당신은 어떤 방식을 추천하겠는가?

사실 이 질문의 답은 뻔하다. 대부분 현금 30만 원을 선택할 것이다. 사람들은 경제학 논리상 현금의 유용성이 가장 크다고 알고 있기 때문이다. 직원들이 현금 30만 원을 받으면 호텔에 가서 저녁을 사 먹을 수도 있고, 본인이 좋아하는 물건을 살 수도 있다고 생각하는 것이다.

그러나 이것을 심리학의 관점에서 보면 그리 간단한 문제가 아니다. 실제로 경제학적 이론은 현실과 분명히 달랐다. 이런 내용으로 실험한 결과, 다른 선택의 기회 없이 30만 원짜리 최고급 호텔 식사권을 받은 사람이 현금 30만 원을 받은 사람보다 기쁨의 정도가 높았다. 한 번도 최고급 식당에서 식사를 해 본 적이 없던 사람은 특별한 경험을 제공해 준 사장에게 무척 고마워했다. 하지만 현금 30만 원은 지갑 속으로 들어간 다음에는 어디다 썼는지 그 행방이 묘연했다. 당연히 이 30만 원은 사람들의 기억 속에서 금세 사라졌다.

보통 사람들은 꼭 사고 싶지만 당장 사야만 하는 물건을 우선순위로 구매하기 때문에, 정작 갖고 싶은 물건의 구매는 자꾸 미루는 경우가 많다. 그만큼 자신이 평소에 갖고 싶었던 물건을 선물받았을 때 그 기쁨은 더욱 클 수밖에 없다. 당신이 이런 법칙을 잘만 활용한다면 비용 대비 높은 값어치의 선물을 할 수 있음을 명심하라.

■ 상대방의 선택권은 없는 것이 낫다

선물을 할 때는 받는 사람에게 선택의 기회를 주지 않는 편이 좋다. 사람들은 선택의 기회를 주면 가장 효율적인 선물을 할 수 있을 것이라고 생각한다. 하지만 실제로 선물을 받는 사람의 기쁨은 별로 크지 않다. 오히려 부정적인 결과를 초래한다. 우열을 가리기 힘든 몇 가지 선택 사항이 있을 때, 상대방에게 선택권을 준다면, 이것 때문에 저것을 포기해야 한다는 생각이 들어 기쁨이 반감되기 때문이다.

사람들은 선물을 할 때 상대방에게 가장 높은 효용을 제공하기 위해서라는 이유로 무엇이 필요하느냐고 묻는다. 그러나 이런 방법은 현명하지 못한 것이다. 왜 그럴까? 두 가지 이유가 있다. 첫째, 선물을 받는 사람은 하나를 선택함으로써 다른 하나를 포기해야 한다는 아쉬움이 남는다. 둘째, 앞에서 말한 것처럼 선물을 받는 사람은 대부분 경제적인 효용 가치를 기준으로 선물을 선택한다. 그러나 경제적으로 효용이 크다고 해서 반드시 그 사람을 가장 기쁘게 하는 것은 아니다.

기본적으로 선물은 상대방을 기쁘게 하거나 이를 통해 자신을 이롭게 하려는 것이다. 앞으로 누군가에게 선물할 일이 생기거든 이 네 가지 원칙을 명심하기 바란다.

14장

내 안의 잠재능력을 깨워라

01. 미루는 습관과 결별하라 | 02. '행동 계기'를 만들어라
03. 입꼬리를 올려라 | 04. 낙관주의자가 돼라
05. 충전할 시간을 확보하라

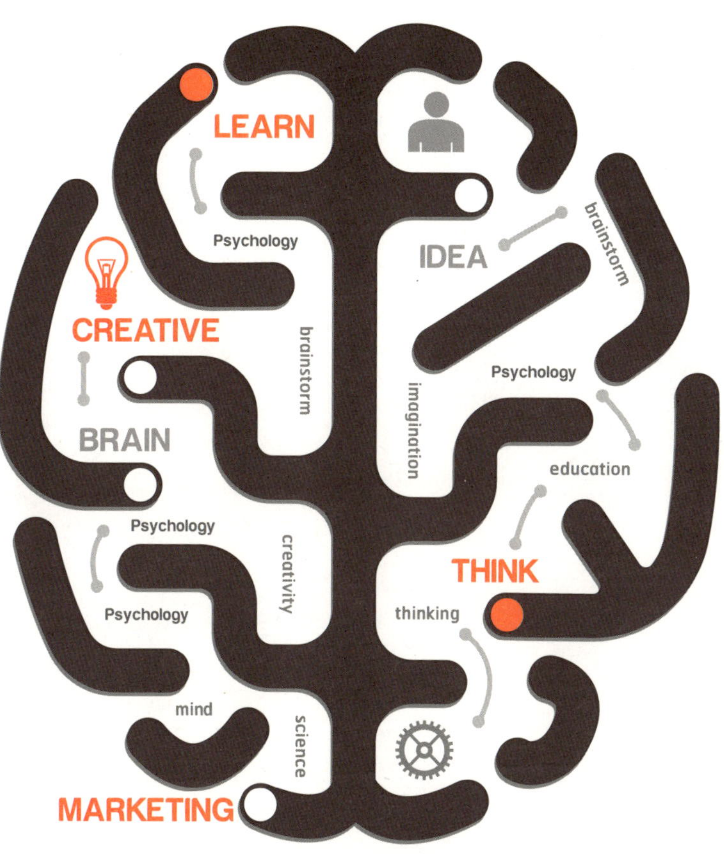

미루는 습관과 결별하라

트로이 전쟁을 승리로 이끈 오디세우스는 부하들과 함께 고향에 가기로 했다. 그의 고향은 이오니아 해에 있는 이타카 섬이었다. 오디세우스가 고향으로 가는 길에는 장애물과 유혹이 많았다. 특히, 사이렌의 유혹은 견디기 힘든 것이었다. 사이렌은 몸은 새지만 여성의 얼굴과 목소리를 가진 바다 괴물인데, 매혹적인 목소리로 사람들을 유혹하여 배가 바위 절벽에 부딪혀 죽게 만들곤 했다. 사이렌이 사는 섬을 무사히 빠져나가는 배는 거의 없었다.

오디세우스도 알고 있었다. 자신도 사이렌의 노랫소리에 유혹당할 수밖에 없다는 것을. 오디세우는 사이렌이 살고 있는 섬을 무사히 통과하기 위해 미리 방책을 세우기로 한다. 부하들의 귀를 모두 틀어막고, 자신은 돛대에 묶인 채로 그 섬을 통과하기로 한 것이다.

오디세우스는 그곳을 완전히 통과하기 전까지는 자신의 명령을 아무도 따르지 말라고 명령한다. 이는 그리스 신화에 나오는 이야기다. 오디세우스는 자신의 약점을 알고 있었고, 미리 자신을 결박하는 묘수를 두어 사이렌의 유혹을 이기고 무사히 고향으로 돌아갈 수 있었다.

세일즈를 하다 보면 많은 유혹이 뒤따른다. 고객을 찾아다니는 일보다는 커피숍에서 수다를 떠는 것이 더 즐겁고 편안하다. 실적에 따라 급여를 받는 불확실성보다는 고정 월급을 받는 것이 더욱 안전하다. 또 고객에게 늘 아쉬운 소리를 해야 하는 처지에서 때로는 큰소리치는 일을 하고 싶을 때도 있다.

그런데도 우리가 세일즈를 하는 것은 힘들고 불확실한 만큼 보상과 보람이 크기 때문이다. 그러나 유혹에 빠지면 죽도 밥도 안 되는 것이 바로 세일즈다. 흔히 하는 말로, 세일즈는 뭉치면 죽고 흩어지면 산다고 한다. 외롭게 유혹과 싸워야 승리할 수 있다. 그렇다면 어떻게 해야 오디세우스처럼 지혜롭게 스스로를 결박할 수 있을까? 우선 주간 계획을 세워야 한다.

다음은 보험왕 토니 고든이 한 말이다.

"탄탄하지 않은 기초 위에 집을 지울 수 없다. 우리에게 기초란 지식도 아니고 계약 체결 능력도 아니다. 현명한 의사소통 능력도, 성공해야 한다는 이유나 욕심도 아니다. 성공의 근간은 아무리 어렵더라도 끊임없이 약속을 잡겠다는 결단이다. 이런 부지런한 활동이 바로 성공의 근간이며 이 위에 성공을 쌓을 수 있게 된다."

보험왕 토니 고든은 약속의 중요성을 말하고 있다. 끊임없이 약속을 잡는 것은 곧 부지런히 활동 계획을 세운다는 의미다. 실제로 토니 고든은 월요일부터 목요일까지 나흘만 고객을 만났다. 금요일에는 하루 종일 잠재고객을 물색하여 약속을 잡았다. 미루는 습관은 영업인에게는 치명적이다. 보통 월 마감이므로 한두 주가 지나면 금방 마감이 다가온다. 영업인에게 마감은 스트레스 그 자체다.

그렇더라도 미루는 습관을 버리지 못하는 사람들은 있게 마련이다. 댄 애리얼리는 미루는 습관이 있다면 어떻게 고쳐야 하는지 실험을 통해 그 방법을 찾아냈다. 그는 대학생들을 상대로 강의하는 첫날 12주 강의 동안 세 가지 과제를 제출해야 한다고 말했다. 이 과제들은 최종 학점을 매길 때 큰 비율로 반영된다는 사실도 알렸다. 다만 교실별로 제출 방법을 따로 정했다.

첫 번째 교실에서는 "이번 주 안으로 과제를 언제 제출할지 날짜를 정해 알려 주세요. 일단 기한을 정하면, 그것을 바꿀 수는 없어요."라고 말했다. 제출 기간을 학생들이 자율적으로 정하도록 하고, 그 기일을 어기면 하루 늦을 때마다 1퍼센트 비율로 점수를 깎을 것이라고 했다. 물론 학생들은 자신이 정한 기한 내에 과제를 제출해야 하지만, 그 시기가 빠르다고 해서 점수를 더 얻는 것은 아니다. 학생들은 자율적으로 다음과 같이 날짜를 적어 냈다.

- 첫 번째 과제는 ＿＿째 주에 제출하겠습니다.
- 두 번째 과제는 ＿＿째 주에 제출하겠습니다.

- 세 번째 과제는 ＿＿째 주에 제출하겠습니다.

　학생들은 과제 제출 일을 언제로 잡았을까? 이성적인 학생이라면 맨 마지막 날 한꺼번에 내는 것으로 정했을 것이다. 그러나 학생들은 교수가 나눠 준 강의 계획표를 이용하여 한 학기 동안 제출할 과제의 기한을 적절히 배분했다. 이는 자신에게 미루는 경향이 있다는 사실을 잘 알고 있어 자신을 통제하고 싶은 학생들에게 괜찮은 방법이다. 문제는 과연 그런 방식이 좋은 학점을 얻는 데도 도움이 되는가 하는 것이다. 이 점을 살펴보기 위해 다른 교실에서 내용은 같지만, 다른 형태로 진행한 실험 결과의 점수와 비교하였다.

　두 번째 교실에서는 학생들에게 마감일을 정하지 않을 것이니 모든 과제를 학기 마지막 날까지 제출하도록 했다. 미리 제출해도 상관없지만 그렇다고 해서 추가 점수는 없었다. 이들은 선택의 자유를 부여받았을 뿐 아니라 미리 제출하지 않아도 벌점을 받을 일도 없었다.

　마지막 세 번째 교실에서는 독재적 방식을 택하여 세 가지 과제의 마감일을 각각 4주차, 8주차, 12주차로 정했다. 여기에는 선택의 여지나 융통성이 전혀 없었다.

　과연 세 교실 가운데 어느 교실이 가장 좋은 점수를 받았을까? 바로 마감일을 정해 놓은 교실의 학생들이었다. 반대로 마감일을 정하지 않은 반의 학생들이 가장 나쁜 점수를 받았으며, 스스로 마감일을 정하도록 한 교실의 학생들이 중간 성적을 거두었다.

이런 결과가 의미하는 바는 무엇일까? 첫째, 학생들은 과제를 미룬다. 둘째, 자유를 최대한 제한하는 것이 미루는 습관을 방지하는 최선의 방식이다. 그러나 가장 큰 발견은 학생들이 마감일을 정할 수 있도록 계획표를 나눠 준 것만으로도 더 좋은 학점을 따는 데 도움이 되었다는 사실이다. 실험 결과가 시사하는 바는 이렇다. 학생들은 자신에게 미루는 경향이 있음을 잘 알고 있으며, 그러한 습성을 고쳐 더 나은 성과를 얻고 싶어 한다.

결과적으로 마감일을 정하지 않은 학생들이 교실의 평균 점수를 깎아 먹었다. 과제별로 마감 기한을 정하지 않은 채 마지막에 몰아서 하다 보니 서두르게 되어 제대로 과제를 마무리하지 못했던 것이다. 하루 늦을 때마다 1퍼센트씩 감점을 하지 않았다고 해도 이들의 결과는 마찬가지였을 것이다. 이 실험에서 알 수 있는 사실은 간단하다. 모두에게 미루는 경향이 있지만, 그 문제를 자각하고 인정하는 사람은 그것을 극복할 수 있다는 것이다.

학생들의 모습이 어떤가? 영업인들의 모습과 비슷하지 않은가? 한 달 내내 미루다가 마감일에 임박하여 계약을 하다 보면 불완전 계약 건수가 늘어날 수밖에 없다. 현명한 영업인이라면 자신의 월 매출 목표를 주별로 나누고 다시 일일로 나눌 것이다.

많은 사람들이 묻는다. 세일즈를 쉽게 하는 방법이 무엇이냐고. 유감스럽지만 그런 것은 없다. 세일즈가 쉽다면 그렇게 많은 판매수수료를 주지 않을 것이다. 세일즈는 어렵다. 그런 만큼 소득도 많고 보람도 크다. 우리가 할 일은 수많은 유혹을 이기는 것이다. 매력적인 유혹에 귀를 막고 스스로 결박할 때 성공을 차지할 수 있다. 혹 당신에게도 미루는 습관이 있다면 이제 그만 결별하라. 그 대신 계획을 세우는 습관을 기른다면 지금보다 높은 성과를 기대해도 좋다.

'행동 계기'를 만들어라

미루는 습관이 반복되는 이유는 뭘까? 그것은 당신이 하고자 하는 그 일이 당신에게 별로 유쾌한 경험이 아니기 때문이다. 만약 그것이 즐거운 일이라면 미룰 이유가 하나도 없다. 영하로 떨어진 추운 겨울날 고객을 만나기 위해 밖으로 나가는 것은 무척 싫은 일이다. 푹푹 찌는 여름날 고객 개척을 위해 먼 길을 걷는 일 역시 여간 고역이 아닐 수 없다.

더구나 판매할 수 있다는 확실한 보장이 없이 이 고객 저 고객 만나러 다니는 것은 인내력이 필요한 일이다. 영업인이 자주 지치고, 자꾸만 일을 미루는 것은 그만큼 그 일이 어렵기 때문이다. 그렇다고 마냥 주저앉아 있을 수는 없지 않은가.

이때는 그 일을 하지 않으면 안 될 만한 '행동 계기'를 만드는 것이 효과적이다. 예를 들어, 고객 개척을 위해 전단지를 돌리러 나가야 하는데 계속 미루고 있는 상황이라면, '오늘은 점심을 먹자마자 전단지를 들고 무조건 나가자.'는 행동 계기를 만드는 것이다.

이 분야의 전문가인 뉴욕 대학의 심리학자 피터 골비처의 연구 내용을 칩 히스와 댄 히스는 그들의 저서 『스위치』에서 자세히 소개하고 있다.

골비처와 그의 동료 베로니카 브랜드스태더는 행동 계기가 행동에 동기를 부여하는 데 무척 효과적이라는 사실을 발견했다. 한 연구에서 그들은 크리스마스이브를 어떻게 보냈는지 리포트를 제출하면 추가 점수를 받을 수 있는 수업을 듣는 학생들의 행동을 조사했다. 여기에는 함정이 하나 있었다. 점수를 더 받으려면 리포트를 12월 26일까지 제출해야 한다는 점이었다. 대개의 학생들이 리포트를 쓰려고 했지만 겨우 33퍼센트만이 리포트를 제출했다.

이 연구에서 다른 그룹에 속했던 학생들에게는 행동 계기를 설정하도록 했다. 정확히 언제, 어디서 리포트를 쓸 것인지 미리 계획을 세워 두게 했던 것이다. 예를 들면 이런 것이다.

"나는 크리스마스 아침, 모든 이들이 아직 잠에서 깨어나기 전에 아버지의 사무실에서 이 리포트를 작성할 것이다."

그러자 75퍼센트의 학생들이 리포트를 제출했다. 사소한 정신적 노력을 기울인 것치고는 놀랄 만한 결과였다.

단지 계획한 행동을 실행에 옮기려는 '시간'과 '장소'를 '상상하기만' 해도 실제로 그 행동을 할 가능성이 높아지는 것일까? 그렇기도

하고 아니기도 하다. 행동 계기가 있어도 당신은 진심으로 하고 싶지 않은 일은 끝내 하지 않을 수도 있다. 대학생들은 행동 계기를 설정했더라도 크리스마스에 열린 온라인 미적분 캠프에 참여하지 않을 수도 있을 것이다. 그러나 추가 점수 연구에서 입증된 것처럼 '스스로도 해야 한다고 생각하는 일을 하도록' 동기를 부여하는 데는 큰 영향력을 발휘한다. 피터 골비처는 행동 계기의 가치는 "사전에 결정을 내리는 것에 있다."라고 주장한다.

앞의 사례를 통해 우리는 또한 '사전 결정'이라는 개념을 파악할 수 있다. 골비처의 연구에 참여한 대학생 중 한 명이 되었다고 상상해 보라. 크리스마스 기간에 당신은 집에 있다. 부모님은 따뜻하게 대해 주시고 형제자매들과는 재미난 대화를 나누고 있다. 크리스마스트리는 알록달록한 오색 전구를 반짝이고 있고, 오랫동안 함께한 애완견 프레도는 다정한 눈빛으로 당신을 바라본다. 속을 채운 칠면조, 피칸 파이, 초콜릿 트뤼플 등 먹을거리도 빼놓을 수 없다. 한 술 더 떠 솔솔 낮잠이 오는가 하면, 고등학교 동창들에게 만나자는 전화가 걸려 온다. 주변은 온통 당신의 주의를 산만하게 하는 것뿐이다. 추가 점수를 받기 위해 리포트를 쓰겠다고 사전에 굳은 결심을 하고 구체적인 계획을 세워 놓지 않았다면, 이 '온갖 유혹의 뷔페' 속으로 걸어 들어가 그대로 침몰하고 말 것이다.

행동 계기에 예상 밖의 가치가 담겨 있는 것은 바로 이 때문이다. 골비처는 "사람들이 사전에 결심하지 않으면 그들 행동의 통제권을 너무나 쉽게 환경에 넘겨주게 된다."라고 말하면서 또 "행동 계기는 주의를 끄는 유혹과 나쁜 습관, 경합하는 여러 목표 사이에서 처음 목표를 보호하는 역할을 한다."라고 주장한다.

영업인도 행동 계기를 활용할 수 있다. 예컨대 영업인이 기존의 인간관계를 다지기보다는 새로운 비즈니스에 접근하도록 동기를 부여하려면 '커피 앤드 콜' 행동 계기를 이용하면 된다. 매일 아침 첫 커피를 잔에 따를 때마다 중요 고객 한 명에게 확인 전화를 걸기로 결심하는 것이다.

골비처는 행동 계기가 사람들이 극히 어려운 상황에 처했을 때 특히 유용하다는 사실을 증명했다. '쉬운' 목표에 도전한 이들과 '어려운' 목표에 도전한 이들의 성취율을 분석한 연구가 있다. 쉬운 목표의 경우, 행동 계기를 이용해도 성취율은 78퍼센트에서 84퍼센트로 조금밖에 상승하지 않았다. 하지만 어려운 목표에 도전한 이들은 행동 계기를 이용하자 성취율이 세 배 가까이 상승했다. 목표를 완수한 이들의 비율이 22퍼센트에서 62퍼센트로 치솟은 것이다.

행동 계기가 어려운 상황에 처한 사람들을 어떻게 돕는지 확인하기 위해, 고관절 치환술이나 무릎관절 치환술을 받은 환자들에 대한 연구를 살펴보자. 환자들의 평균 연령은 68세였으며, 수술을 받기 전 통증을 경험한 기간은 평균 일 년 반 정도였다. 초기에는 수술을 받기 전보다 오히려 모든 것이 더 불편해진다. 수술의 대가로 환자들은 목욕을 하거나 잠자리에 들거나 심지어 자리에서 일어서는 것과 같은 일상적인 활동을 하는 데도 도움을 필요로 한다. 회복에 이르는 길은 길고도 고통스러울 수 있다.

이런 환자들 중 한 그룹을 선택하여 행동 계기를 설정하도록 했다. 예를 들면, 이런 것이다.

"만약 이번 주에 산책을 나간다면, 언제, 어디로 갈 계획인지 적어 주세요."

결과는 놀라웠다. 다른 환자들은 평균 7주가 걸린 '혼자서 목욕하기'를, 행동 계기를 세운 환자들은 단 3주 만에 할 수 있었다. 마찬가지로 다른 환자들이 평균 7.7주가 소요된 '자리에서 일어서기'를, 행동 계기 그룹의 환자들은 3.5주 만에 해냈으며, 한 달이 지나자 그들 스스로 차에 타고 내릴 수 있게 되었다. 다른 환자들은 이 일에 2.5개월이 걸렸다.

골비처는 행동 계기의 본질이 '즉각적 습관 만들기'라고 말한다. 습관은 자동적으로 행동을 유발하는데, 이것은 바로 행동 계기의 역할이기도 하다. 항상 미루기를 좋아하는 영업인이라면 '행동 계기'를 만들어 보자. 영업 활동을 나갈 시간과 장소를 사전에 결정하고 상상하자. 그다지 유쾌하지 않은 일이나 어려운 목표에 도전할 때 행동 계기를 적극 활용해 보자.

입꼬리를 올려라

세일즈는 때때로 당신의 기분을 우울하게 만들지만 고객을 만날 때 우울한 모습 그대로 보여줄 수는 없다. 그렇다고 고객 앞에서 억지로 웃는 것은 금방 표시가 난다. 때문에 빠르게 기분을 전환해 진짜 좋은 기분으로 고객 앞에 설 수 있어야 한다.

사람들은 기분이 좋으면 웃는다. 반대로 기분이 좋지 않을 때 웃으면 기분이 좋아질까? 당연히 기분이 좋아진다. 이제 이것은 상식이 됐다. 그렇다면 한발 더 나가 보자. 일부러 입꼬리를 살짝 올리는 정도로도 기분이 좋아질까? 이것은 실제 기쁘지는 않지만 의도적으로 좋은 기분으로 전환하기 위해 입꼬리를 올리는 행위를 말한다.

윌리엄 제임스라는 심리학자는 이미 100여 년 전 『심리학의 원리』에서 이에 대한 가설을 세웠다. 즉, 기분이 나쁘지만 의도적으로 좋은 감정 상태를 만들려면 입꼬리를 올리며 미소 짓고, 벌떡 일어나 행복한 생각을 하고, 활기차게 움직이면 된다는 것이다. 그야말로 가설일 뿐이었던 것을 과학적으로 실험하여 증명한 사람은 제임스 레어드라는 심리학자다. 레어드의 실험 내용은 리처드 와이즈먼이 쓴 『립잇업』에 잘 나와 있다.

레어드는 피실험자들에게 안면 근육의 전기적 반응을 검사하는 실험을 할 것이라고 설명하면서 눈썹 가운데, 입술 가장자리, 턱 가장자리에 전극을 붙였다. 그리고 감정 변화가 실험 결과에 영향을 줄 수 있으니, 오류를 방지하기 위해 실험하는 동안 느껴지는 감정 상태의 변화를 알려 달라고 했다.

이 실험에서 사실 전극은 가짜였다. 그것은 피실험자들이 자연스럽게 웃거나 찡그리도록 만들기 위한 핑계거리였다. 이를테면, 눈썹 사이 전극들이 맞닿게 해서 화난 표정을 유도하고, 턱 주위에 붙은 전극들을 맞닿게 해서 자연스럽게 입을 꽉 다물도록 했다. 그리고 입꼬리 부근은 전극들을 귀 쪽으로 잡아당기도록 함으로써 웃는 표정을 짓도록 했다.

이렇게 특정한 표정을 짓도록 한 뒤, 레어드는 사람들에게 공격, 불안, 기쁨, 후회 같은 다양한 항목으로 된 감정 목록을 보여주었다. 그리고 그중에서 다양한 표정을 지을 때 들었던 느낌을 각각 지목해 보도록 했다. 결과는 놀라웠다. 지금으로부터 100년도 훨씬 전에 제임스가 예측한 그대로, 웃는 표정을 지은 사람들은 행복감을 느꼈고,

찡그린 표정을 했던 사람들은 분노를 느꼈다고 답했다.

　실험을 모두 마치고 난 뒤 피실험자들과의 면담에서 레어드는 실험을 하는 동안 그들이 다양한 감정을 느낀 이유를 물어보았다. 하지만 특정한 표정을 지었기 때문이라고 대답한 사람은 거의 없었다. 대부분이 그 이유를 제대로 설명하지 못했다. 한 사람은 실험 중 지은 찡그린 표정에 대해 이렇게 설명했다.

　"화가 날 이유는 하나도 없었어요. 그런데 이상하게도 화가 나는 거예요. 물론 말도 안 되죠. 당시 실험 중이라는 것도, 제가 화를 낼 아무런 이유가 없다는 사실도 잘 알고 있었으니까요. 하지만 그땐 어쩔 수 없었어요."

　이런 사실에 관심을 가진 또 다른 사람은 폴 에크먼이다. 에크먼은 단순한 표정 변화로 사람의 감정을 바꿀 수 있다는 사실에 호기심을 느꼈다. 표정과 감정 상태의 상관관계를 깊이 연구한 에크먼은 자신의 저서 『얼굴의 심리학』에서 특정한 표정을 지으면 감정 상태에 변화를 일으킨다는 사실을 밝히고 있다.

　우리가 어떤 감정 상태가 되면 감정은 우리 뇌의 일부에 변화를 일으켜 심장 박동률, 호흡, 땀 흘림을 비롯하여 많은 생리적 변화를 준다. 감정은 또한 신호를 내보내서 우리의 표정, 목소리, 몸짓에 변화를 일으키기도 한다. 이러한 변화는 우리가 선택하는 것이 아니라 자연스럽게 일어나는 것이다. 여기서 감정이 표정, 목소리, 몸짓에 변화를 일으킨다는 사실에 주목하자. 에크먼은 반대로 표정, 목소리, 몸짓에 변화를 주면 감정 상태를 바꿀 수 있다고 결론을 내렸다. 그 이후 많은 심리학자들의 연구로 밝혀진 사실은 이렇다.

- 씩씩하게 걸으면 행복감이 높아진다.
- 춤과 같은 부드러운 동작도 행복감을 높여 준다.
- 악수와 같이 부드러운 스킨십을 하면 높은 행복감을 느낀다.

그렇게 볼 때, 무엇보다 중요한 것은 표정이다. 즉, 미소 짓는 것이다. 고객에게서 기분 나쁜 소리를 들었거나, 중요한 계약이 취소되었거나, 집안에 안 좋은 일이 있거나 하는 상황에서 고객을 만나야 한다면, 다음의 '행복을 부르는 20초 미소 훈련'을 해 볼 만하다. 미소를 지으면 행복감을 느낄 수 있다고 하니 한번 시도해 보자.

1. 거울 앞에 앉는다.
2. 이마와 뺨 부위의 긴장을 풀고 입을 살짝 벌린다(이는 심리학 실험에서 '중립적 표정'을 말한다).
3. 양쪽 입꼬리를 귀 쪽으로 잡아당긴다. 가능한 한 크게 미소 지으면서 뺨을 움직여 눈가에 주름을 만든다. 마지막으로 눈썹을 올린 상태로 20초간 유지한다.
4. 다시 원래의 표정으로 돌아와서 방금 어떤 느낌이 들었는지 생각해 본다.

다음은 입꼬리를 올리며 미소 짓는 연습을 해서 좋은 인상을 만들고 결국에는 한 그룹의 회장 자리까지 오른 웅진그룹 윤석금 회장이 한 말이다.

"스물일곱 살 때 학교를 마치고 세일즈에 뛰어들었어요. 솔직히 처음부터 잘될 리 있었겠습니까? 모든 게 어색하고 쭈뼛쭈뼛……. 안 되겠다 싶어 먼저 설명을 요령 있게 할 수 있는 일종의 매뉴얼을 만든 다음 반복 연습했어요. 동시에 매일 30분씩 거울 앞에 서서 신뢰감을 줄 수 있는 얼굴을 만들기 위해 수도 없이 표정 짓기 연습을 했지요. 몇 달 하고 나니 자연스럽게 내 얼굴에 밝은 인상이 생겨났어요. 신기하게도 그때부터 물건이 날개 돋친 듯 팔려 나갔습니다."

윤석금 회장은 인상이 좋아지자 영업을 시작한 첫해에 세계 1등을 했다고 한다. 그 후 윤석금 회장은 영업 분야에서 승승장구하여 연매출 3조 원에 육박하는 그룹을 일궜다. '밝은 인상'이 큰 역할을 했음은 두말할 나위 없다.

낙관주의자가 돼라

영업을 하며 실망하거나 포기하고 싶은 순간들이 어디 한두 번이 겠는가. 이때 그렇게 쓰러지느냐 다시 일어서느냐는 영업 기술이 아 니라 정신력의 문제다. 정신력이 강한 사람은 버틸 수 있고, 정신력 이 약한 사람은 포기가 빠르다. 영업을 위해 타고난 천재라도 정신력 이 없으면 탁월한 성과를 얻을 수 없다.

정신력이 강한 영업인은 쉽게 절망하거나 포기하지 않는다. 당장 은 실패했더라도 곧바로 다른 방법을 찾아 나선다. 그리고 한 지역에 서 실패했다면 곧 다른 지역을 개척해 나간다. 또한 계약에 실패했더 라도 실망하지 않고 다른 가망고객을 찾아간다.

사람들은 어떤 나쁜 일을 겪게 되면 그것을 나름대로 해석하여 결 론을 내린다. 이때 비관주의자들은 대개 부정적인 결론을 내리고, 그것을 마치 사실인 양 인정해 버린다. 이럴 때 당신은 어느 쪽에 가까운가. 비관주의자? 아니면 낙관주의자? 많은 이들이 나쁜 상황에 처했을 때, 잘못된 신념을 갖기 쉽다. 예를 들어 '나는 영업에 소질이 없다.', '영업으로 돈을 벌기는 힘들겠구나.'처럼 말이다.

그러나 이처럼 잘못된 신념이 굳어지면 결과는 불을 보듯 뻔하다. 영업을 포기하는 것이다. 이처럼 나쁜 상황에서 잘못된 신념을 갖게 되면, 잘못된 결과가 나오는 것은 당연하다. 영업인들이 나쁜 상황에 처했을 때, 어떤 잘못된 신념과 잘못된 결과를 낳게 되는지 자세히 살펴보자.

■ 사례 1

- **나쁜 일** : '일주일 이상 발바닥이 부르트도록 다니며 명함과 전단지를 돌렸는데, 문의 전화나 주문 전화가 한 통도 없다니…….'

- **잘못된 신념** : '이 정도까지 했는데 주문 전화가 한 통도 없다니 회사나 제품이 시원찮은 게 틀림없어. 나도 영업에는 소질이 없는 것 같아.'

- **잘못된 결과** : '더 이상 해 봤자 소용없겠지? 다른 직장을 알아봐야어. 고정월급을 받을 수 있는 곳을 알아보자.'

■ 사례 2

- **나쁜 일** : '주변에 아는 사람이 제법 있어 자신 있게 영업을 시작

했는데, 3개월이 지나니까 이제 더 이상 판매할 곳이 없구나.'

- **잘못된 신념** : '나는 영업에는 재주가 없구나. 역시 영업은 아무나 하는 게 아니야. 개척 판매를 하라는데 나는 도무지 자신이 없으니……. 도대체 어디로 가서 개척 판매를 하라는 거야? 영업이 이렇게 어려운지 알았으면 시작도 하지 않았을 텐데……. 정말 후회되는군.'

- **잘못된 결과** : '내가 하는 일에 자신감도 없고 의욕도 없으니 매출도 곤두박질쳤네. 이젠 정말 어쩌지? 휴…….'

■ 사례 3

- **나쁜 일** : '너무 더운 날씨야. 이런 날은 개척 활동을 해 봤자 얼굴만 시커멓게 타고 실적은 오르지 않지. 고객들도 불쾌지수가 높아 괜히 짜증만 낸다니까.'

- **잘못된 신념** : '이런 날은 다녀 봤자 소용도 없어. 한창 더울 때는 고객 방문도 자제하는 게 예의야. 좀 선선해진 다음부터 열심히 일하면 되지.'

- **잘못된 결과** : '매출과 소득이 줄다니……. 오랫동안 고객들을 방문하지 않았더니 고객들이 우리 회사와 거래를 끊고 타사와 거래를 시작했군.'

이때 중요한 것은 바로 신념이다. 신념이란, 어떤 상황을 받아들이는 믿음 체계라고 할 수 있다. 이 신념에 따라 같은 상황이라도 받아들이는 입장이 달라지고, 받아들이는 입장이 다르면 행동이 다르고 결국 결과도 다르게 나타난다.

따라서 당신에게 가장 중요한 것은 자기 자신을 믿고, 상황을 낙관적으로 바라보는 긍정적인 신념이다. 이러한 신념은 곧바로 영업 성과에 반영된다. 자신감이 넘치고 긍정적인 신념을 가진 영업인은 높은 성과를 낼 확률 또한 높기 때문에 그들의 자신감은 점점 더 높아진다. 반대로 자신을 비하하면서 비관적인 신념을 가진 영업인은 영업 활동이 위축되어 보잘것없는 성과밖에 낼 수 없다. 그러므로 영업에서 좋은 성과를 내기 위해서는 당신의 믿음 체계를 비관주의에서 낙관주의로 바꿔야 한다.

이때 당신이 먼저 할 일은 자신의 잘못된 신념을 반박하는 것이다. 우리는 흔히 다른 사람이 자신을 비판하면 변명성 반박을 한다. 하지만 정작 자기를 스스로 비난하는 것에는 반박을 하지 않고 그대로 인정한다. 이런 것이 신념으로 고착되면 바람직하지 않은 결과를 가져온다.

예를 들어 보자. 다른 사람이 "당신이 취급하는 제품은 이제 한물갔습니다."라고 비판한다면, 당신은 회사와 취급하는 제품의 우수성을 열심히 설명하며 반박할 것이다. 그러나 당신 스스로 '우리 회사 제품은 이제 한물갔어. 연구를 활성화해서 소비자가 찾는 제품을 만들면 좋겠는데……'라는 생각이 들면 반박하지 않고 그대로 인정해 버린다.

이처럼 당신의 머릿속에서 잘못된 신념이 굳어지기 전에 스스로 반박해야 한다. 그래야 잘못된 신념이 잘못된 결과로 이어지지 않는다. 다음 사례들을 보자.

■ **사례 1**

- **나쁜 일** : '일주일 이상 발바닥이 부르트도록 다니며 명함과 전단지를 돌렸는데, 문의 전화나 주문 전화가 한 통도 없다니…….'

- **잘못된 신념** : '이 정도까지 했는데 주문 전화가 한 통도 없다니 회사나 제품이 시원찮은 게 틀림없어. 나도 영업에는 소질이 없는 것 같아.'

- **반박** : '무엇을 하든 일주일만 해 보고 결정하는 것은 너무 성급하지 않을까? 조금만 더 해 보자. 전단지를 돌리는 데도 요령이 있을 거야. 다음주에는 무턱대고 전단지만 돌리지 말고, 샘플이나 조그만 선물이라도 함께 줘 보자. 그리고 내가 영업에 소질이 전혀 없는 것도 아니잖아? 어릴때는 어른들께 붙임성 있는 성격이라고 칭찬도 많이 듣고 친구들에게 인기도 좋았는데 말이야……. 내가 아직 경험이 없어서 그럴 거야.'

자신을 부정하는 말에 반박하는 것은 쉽지 않다. 자신이 본인을 가장 잘 알고 있다고 생각하기 때문이다. 그래서 반박을 하는 데도 요령이 필요하다. 자신의 신념에 반박할 때는 다음의 네 가지 요소가 중요하다.

첫째는 자신의 믿음이 잘못됐다는 증거를 찾아내는 것이고, 둘째는 지금 자신의 상황을 다르게 볼 수 있는 여지를 찾아내는 것이며, 셋째는 지금 자신이 처한 상황이 비록 나쁘더라도 그것 때문에 포기할 수 없다는 이유를 찾는 것이다. 그리고 마지막은 비록 자신이 품고 있는 믿음들이 사실이라고 하더라도 그 믿음대로 사는 것이 자신에게 유리한지, 다르게 생각하는 것이 유리한지 그 유용성을 따져보는 것이다.

다음 네 가지 질문에 답하다 보면 어느새 나쁜 일을 바라보는 관점이 비관주의에서 낙관주의로 바뀌게 된다.

- 그것이 사실인가? (증거)

- 다르게 볼 여지는 없는가? (대안)

- 그래서 어떻다는 것인가? (함축)

- 그것이 어디에 쓸모가 있단 말인가? (유용성)

이들 요소를 이용하여 실제로 어떻게 반박할 수 있는지 살펴보자.

■ 사례 2

- **나쁜 일** : '주변에 아는 사람이 제법 있어 자신 있게 영업을 시작했는데, 3개월이 지나니까 이제 더 이상 판매할 곳이 없구나.'

- **잘못된 신념** : '나는 영업에는 재주가 없구나. 역시 영업은 아무나 하는 게 아니야. 개척 판매를 하라는데 나는 도무지 자신이

없으니……. 도대체 어디로 가서 개척 판매를 하라는 거야? 영업이 이렇게 어려운지 알았으면 시작도 하지 않았을 텐데……. 정말 후회되는군.'

- **반박(대안)** : '아는 사람에게 쉽게 판매하다 보니 판매 기술이나 제품 지식이 부족했어. 개척 판매에 필요한 상품 지식이나 판매 기술이 필요한데 나는 배우려고도 하지 않았어. 실적이 좋은 팀장님을 며칠 따라다니며 어떻게 하는지 배워야 할 것 같아. 그리고 이제 고작 세 달밖에 안 됐잖아? 공부하면서 좀 더 열심히 해 보자.'

■ 사례 3

- **나쁜 일** : '너무 더운 날씨야. 이런 날은 개척 활동을 해 봤자 얼굴만 시커멓게 타고 실적은 오르지 않지. 고객들도 불쾌지수가 높아 괜히 짜증만 낸다니까.'

- **잘못된 신념** : '이런 날은 다녀 봤자 소용도 없어. 한창 더울 때는 고객 방문도 자제하는 게 예의야. 좀 선선해진 다음부터 열심히 일하면 되지.'

- **반박(증거)** : '선배들의 말을 들으니 비오는 날이나 무더운 날같이 날씨가 궂은 날 방문하면 고객들이 미안해해서 상담 결과가 좋다는 말을 많이 들었지. 정말 추운 날에도 해 봤더니 더 나았잖아.

다시 한 번 강조한다. 반박이 중요하다. 머릿속에 부정적인 생각, 즉 잘못된 신념이 들 때마다 긍정적으로 반박하는 습관을 기르자. 반박을 위한 네 가지 질문을 기억하라. 이 질문들이 당신을 비관주의에서 끄집어내 줄 것이다.

충전할 시간을 확보하라

영업인에게 의지력과 자제력은 중요한 덕목이다. 성공의 길로 안내하기 때문이다. 그러나 유감스럽게도 이것들은 무한정 샘솟는 것이 아니다. 어느 정도 사용하면 건전지처럼 고갈된다. 영업 활동을 하다 보면 많은 거절을 당하게 되는데, 이 거절은 흡사 권투의 잔 펀치와 같다. 잔 펀치를 많이 맞으면 충격이 쌓인다. 가랑비에 옷 젖는다는 말도 있지 않은가. 그러므로 너무 무리한 일정은 도움이 되지 않는다. 때로는 충전할 시간도 필요하다.

자제력이나 의지력이 사용할수록 고갈된다는 사실을 확실히 하기 위해 '음식 지각력' 연구에 참여했던 대학생들의 행동 방식을 살펴보자. 다음은 칩 히스와 댄 히스가 쓴 『스위치』에 나와 있는 이야기다.

학생들은 약간 배고픈 상태로 실험실에 모였다. 실험 시작 세 시간 전부터는 아무것도 먹지 말고 나오라고 지시를 받았기 때문이다. 연구원들이 안내한 방에서는 맛있는 냄새가 후각을 자극했다. 연구원들이 그 안에서 방금 전에 초콜릿 칩 쿠키를 구웠기 때문이다. 방 가운데 위치한 테이블 위에는 사발 두 개가 놓여 있었다. 하나에는 초콜릿 캔디와 갓 구운 초콜릿 칩 쿠키가 시식품으로 담겨 있었고, 다른 하나에는 무가 가득 담겨 있었다.

연구원들의 표면적 설명이 이어졌다.

"우리가 무와 초콜릿을 준비한 이유는 두 가지 맛이 극명하게 다르기 때문입니다. 오늘 이 자리에서 음식을 먹고 느낀 맛의 감각을 잘 기억해 두었다가 내일 우리의 설문에 응하시면 됩니다."

참여자의 절반에게는 두세 개의 쿠키와 초콜릿 캔디만 먹고 무는 절대 먹지 말라고 했고, 나머지 절반에게는 두세 개의 무만 먹고 쿠키와 캔디는 절대로 먹지 말라고 지시했다. 학생들이 먹는 동안에 연구원들은 의도적으로 방을 떠났다. 꽤나 가학적으로 유혹을 유발하기 위해서였다.

그들은 그 불쌍한 무 팀이 따로 앉아 무를 깨작거리며 갓 구운 쿠키를 먹는 팀을 부러운 눈길로 힐끗거리길 바랐다. 쿠키를 먹는 팀은 무를 먹고 싶은 생각을 떨쳐내느라 크게 고생하지는 않았다. 유혹에도 불구하고 참가자들은 먹으라고 지시받은 것만 먹었고, 쿠키를 몰래 훔친 무 팀원도 없었다. 의지력을 발휘한 것이다.

잠시 후 '미각 연구'는 공식적으로 종료를 선언하고, 또 다른 연구원들이 방 안으로 들어와 전혀 관련이 없어 보이는 두 번째 연구 과제를 제시했다.

"지금부터는 고등학생과 대학생 중 어느 쪽이 문제 해결에 능한지 알아
보는 실험을 실시하겠습니다."

이렇게 말한 것은 대학생들의 승부욕을 자극해 진지한 태도로 임하게
만들려는 의도였다. 실험에 참가한 학생들은 모두 대학생이었다. 학생들
에게 제시한 것은, 선을 중복해서 그려도 안 되고 연필을 종이에서 떼도
안 되는 규칙 아래 복잡한 도형을 얇은 반투명 용지 위에 베끼는 일련의
퍼즐이었다.

그리고 횟수에는 제한이 없다며 많은 용지를 제공했다. 하지만 사실 그
퍼즐은 푸는 게 불가능하도록 고안된 것이었다. 연구원들은 학생들이 그
어렵고 난감한 임무를 얼마나 오랫동안 참고 수행하다가 포기하는지 알
고 싶었던 것이다.

앞선 실험에서 초콜릿 칩 쿠키를 배당받아 무를 먹고 싶은 충동에 저항
할 필요가 없던 '유혹받은 적 없는' 학생들은 이 임무에 평균 19분 동안 임
했고, 문제를 해결하기 위해 성의 있는 시도를 34번 수행했다. 그에 비해
무 팀은 그들보다 끈기가 없었다. 쿠키 팀이 소비한 시간의 절반에도 못
미치는 고작 8분 후에 포기했고, 가까스로 19번을 시도했을 뿐이었다.

이들은 왜 그렇게 쉽게 포기한 것일까? 자제력이 고갈되었기 때문이다.
이와 유사한 다수의 연구에서 심리학자들은 자제력이 소모성 자원이라
는 사실을 발견했다.

당신이 자제력을 소모할 때 결국 소모하는 것은 창의적으로 사고
하고, 집중하고, 충동을 억제하며, 좌절과 실패에서 인내를 잃지 않

는 데 필요한 정신 근육, 즉 숙고체계다. 영업인들의 이직률이 높고, 쉽게 지치고, 포기가 많은 것은 그들의 됨됨이가 게으르거나 인내심이 부족하기 때문이 아니라 영업이라는 일이 그만큼 정신을 지치게 만들기 때문이다.

영업인들이 일 년 내내 낯선 곳을 다니며 판촉 활동을 하고 거리에서 전단지를 나눠 주는 활동은 그들을 쉽게 지치게 한다. 수많은 거절을 당하면서 그만큼 자제력이 고갈되었기 때문이다. 자제력뿐이겠는가. 우리가 숙고체계라고 이르는 모든 기능은 멈추고 말 것이다. 영업인은 주 1~2일 정도만 개척 활동을 하면 좋다. 나머지 날에는 연고 고객을 만나든지, 기존 고객을 만나 소개받는 영업 방식을 택해야 한다. 이는 덜 지치게 하는 활동 방법이다.

SNS를 활용하는 것도 덜 지치게 하는 영업 방법 중 하나다. 친밀감은 어쨌거나 자주 봐야 생긴다. 당신이 고객과 정기적으로 만나야 하는 이유다. 오랜만에 만나 서먹서먹한 상태가 되면 재구매나 소개가 잘 일어나지 않기 때문이다. 그전에는 편지나 DM, 전화나 문자메시지로 고객과 정기적인 연락을 했지만, 요즘은 커뮤니케이션 수단이 훨씬 많아졌다. SNS를 활용하면 굳이 직접 얼굴을 보지 않더라도 친밀감을 유지할 수 있다. 그런데 SNS를 지나치게 상업적으로 이용하는 영업인들이 있다. 이는 오히려 반감을 살 수 있으니 주의할 일이다.

계획력 있는 영업 활동도 자제력 고갈을 막는 좋은 방법이다. 그 안에는 휴식 계획이나 충전 계획(영화 관람, 음악회 참석, 운동하기와 같은 취미 활동)도 포함해야 한다. 자신이 즐기면서 할 수 있는 취미 활동을 지속적으로 하는 것도 고갈된 에너지를 충전하는 좋은 방법이다.

스스로를 충전할 수 있는 비용 대비 가장 효과적인 방법으로는 독서가 있다. 독서는 편식하지 않는 것이 중요하다. 영업을 한다고 해서 영업 관련 서적만 읽어서는 안 된다. 때로는 소설과 시, 역사서, 자기계발서도 읽어야 한다.

소설과 시는 감성을 풍부하게 한다. 특히 고객에게 짧은 메시지를 보낼 때, 감동적인 시 한 구절을 인용한다면 효과적이다. 자기계발서는 고갈된 에너지를 충전해 주며, 역사서는 세상을 보다 넓고 깊게 바라볼 수 있는 시야를 길러 준다. 이처럼 독서는 오랫동안 지치지 않게 정신력을 키워 주는 좋은 충전 방법이다. 물론 가장 중요한 것은 자신만의 에너지 충전 방법을 찾아 실천하는 것임을 잊지 말자.

15장

피드백을 하라

01. 피드백은 반드시 필요하다 | 02. 피드백을 실천하라
03. 성장을 돕는 피드백을 하라 | 04. 성과와 시기에 맞춰 피드백하라
05. 충전할 시간을 확보하라

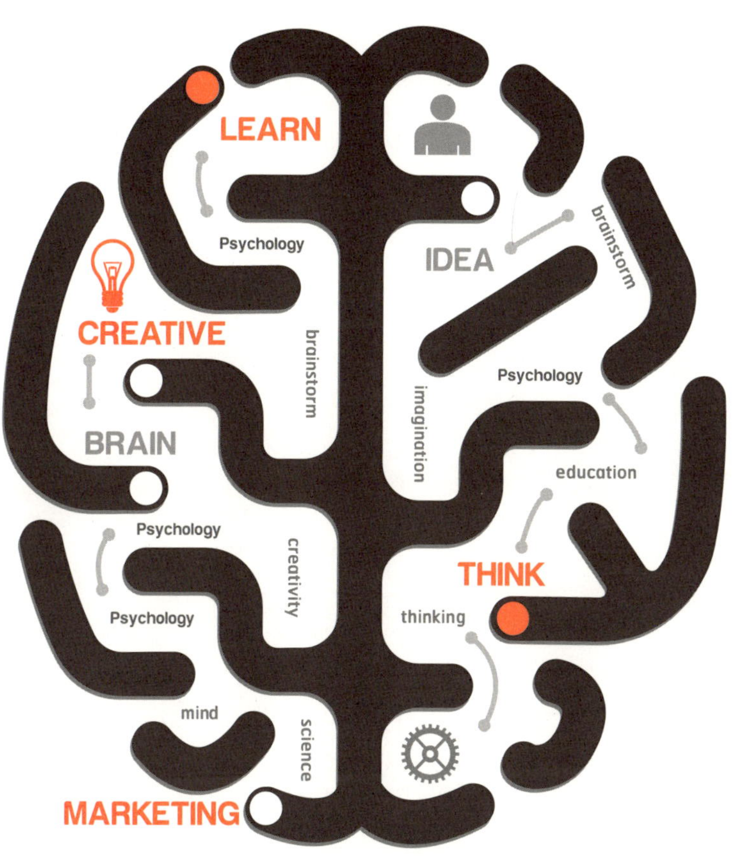

피드백은 반드시 필요하다

당신에 대한 사람들의 느낌이 어떤지, 당신의 행동이 어떤지, 그 행동이 그들에게 어떤 영향을 미치는지 아무도 말해 주지 않는다면 어떻게 될까? 자신이 다른 이들에게 어떻게 보이는지 알 수 없을 것이다. 결국 당신은 지금까지 하던 대로 계속할 수밖에 없다. 그런데 당신의 행동이 다른 사람들에게 피해를 끼치고 있다면 큰일이 아닐 수 없다. 그래서 피드백이 필요하다.

영업 관리자는 피드백으로 영업인의 행동이 결과에 어떻게 영향을 주는지 알려 주어 바람직한 행동을 하도록 도울 수 있다. 실제로 좋은 피드백은 영업인이 스스로의 영업 스타일을 깨닫고, 부족한 면을 보완하거나 바꿀 수 있는 기회를 제공해 준다.

피드백이란 원래 전기나 기계 분야에서 증폭기나 자동제어 등의 에너지를 입력 쪽으로 되돌리는 현상을 말한다. 현대에 와서는 프로젝트나 작업 평가가 끝날 무렵 동료들 사이에서 주고받는 정보의 흐름으로 해석하며, 직무 수행이나 행동을 관찰하여 내용을 공유하는 것, 발전적이고 생산적인 변화를 위한 커뮤니케이션 정도를 뜻한다. 예를 들면, 학습자의 학습 행동에 교사가 어떻게 적절한 반응을 보였는지, 교사의 행동 혹은 반응의 결과를 본인에게 알려 주는 일 따위를 말한다.

피드백은 1990년대 이후 본격적으로 비즈니스 언어에 편입되었다. 전에는 인적 자원과 같은 특정 분야에서만 사용했지만, 요즘은 일상적인 대화에서도 널리 사용된다. 스포츠나 연예계에서 피드백은 선수나 배우의 역량 개발에 결정적 영향을 주는 코치나 감독의 스킬로, 개인의 변화나 협력에서 중요한 열쇠라고 할 수 있다. 조직에서는 구성원 간에 솔직하고 열린 피드백이 많이 오가면 성장 가능성이 높아진다. 세일즈 조직에서는 영업 관리자와 동료들이 피드백을 활발하게 주고받는 경우에 개개인의 업무 효과를 높일 수도 있다.

그러나 대부분의 사람들이 피드백을 두려워하며 부정적인 반응을 보인다. 피드백을 받는 경우 비난받거나 공격받는다고 느낀다. 이는 피드백을 잘못이나 실수에 대한 평가로 보기 때문이다. 사실 피드백 기술이 부족한 관리자는 직·간접적으로 부정적인 감정을 전달하기도 한다. 또한 신뢰의 문제도 있다. 서로 간에 신뢰가 없다면, 효과적인 피드백이 성립되기 어렵다. 피드백을 받는 사람의 입장에서 그 내용을 있는 그대로 수용하지 못하기 때문이다.

그러나 세일즈 조직에서 피드백은 관리자가 영업인의 성과를 높이거나 목표를 달성하기 위해서 할 수 있는 가장 중요한 일이다. 고객 발굴, 고객 접촉, 고객 상담, 고객관리를 모두 제대로 진행하고 있는 상태라면, 피드백은 영업 성과와 관계를 개선한다. 이는 경쟁사가 모방할 수 없는 부분이다. 좋은 피드백이란 다른 그 누구도 아닌 영업 관리자의 통제 아래 있다. 따라서 피드백은 어떤 의미에서는 그 조직에만 있는 '비밀 무기'라고 할 수 있다.

영업인이 목표에 도달하려면 관리자의 지속적인 피드백은 필수다. 피드백은 목표를 달성하기 위해 올바른 길이 무엇인지 안내해 주며, 현재 위치해 있는 지점이 어디쯤인지 알려 준다. 마치 우리가 운전 중에 경로를 이탈하지 않도록 안내해 주는 것처럼 말이다. 이처럼 피드백을 주고받는 일은 조직 내에서 함께해야 할 문제를 확인하고, 실행 계획을 세우고, 결과를 평가하고 보완해 가는 중요한 과정이다.

02

피드백을 실천하라

어떤 일을 수행하려 할 때, 많은 사람들이 '혹시 내가 하는 방법이 잘못된 것은 아닐까?', '내가 이 일을 맡을 자격이 있을까?' 하는 두려움을 느낀다. 그런데 사실 한 개인이 모든 것을 다 알고 실천하기란 불가능하다. 이런 상황에서 피드백은 조직 구성원이 개선해야 할 점을 찾을 수 있도록 돕는다. 피드백은 기본적으로 현재 위치를 파악한 후, 다음 단계로 전진할 수 있도록 지침을 제공한다. 또한 성과를 달성하고자 하는 열정에 지속적으로 불을 지펴 준다.

경영이나 관리 쪽에 관심 있는 사람이라면 리더십의 종류가 크게 두 가지로 나뉜다는 것을 잘 알고 있을 것이다. 통제를 기반으로 하는 리더십과 권한을 부여하는 리더십이 그것이다. 그중 권한을 부여하는 리더십은 기존의 리더십과 구별되는 새로운 리더십으로, '피드백'을 필요로 한다.

구성원들에게 피드백하지 않는 관리자는 개선하려는 노력 없이 스포츠 팀을 운영하는 감독과 같다. 코치나 감독의 피드백이 있어야만 선수 개인이나 팀의 경기력이 최고 수준에 도달할 수 있기 때문이다.

필자가 코칭을 통해 만나 본 많은 영업인과 관리자들은 피드백에 목이 말라 있었다. 문제는 잘못을 지적하는 것 외에는 피드백을 주고받는 경우가 거의 없다는 것이었다. 피드백의 대부분은 상대를 지적하거나 평가하기의 형태를 띠고 있었다. 뿐만 아니라 "영업 관리자나 동료들에게서 진정한 피드백을 받은 것이 언제인가?"라는 질문을 하면, 십중팔구는 머뭇거리며 기억을 더듬는 것을 볼 수 있었다. 기본적으로 관리자가 영업인에게 피드백을 하려면 먼저 자신의 역할에 대해 다음의 세 가지 사실을 아는 것이 중요하다.

1. 관리자는 영업인을 통해 일이 수행되도록 개입해야 한다.
2. 영업인에게 관리자가 필요한 것보다 관리자에게 영업인이 더 필요하다.
3. 관리자의 급여는 자신이 한 일에 대한 대가가 아니라 영업인들이 한 일에 대한 대가다.

이 세 가지 사실을 염두에 둔다면, 성공적인 관리자가 되기 위해서 영업인들에게 어느 정도 개입해야 하는지 알 수 있다. 예를 들면,

영업 관리가 영업인을 통해 일이 수행되도록 개입하는 것이라면, 관리자는 자신이 한 일에 대해서가 아니라 영업인이 한 일에 따라 보상받게 될 것이다. 그리고 관리자의 존재 이유는 영업인이 성공할 수 있도록 최선을 다해 도와주는 것이다. 오직 영업인들이 성공했을 때만 영업 관리자도 성공할 수 있기 때문이다.

과거에 영업인들의 미숙하고 불완전한 영업 활동이 개인 능력의 한계 때문이라고 치부되던 시절이 있었다. 그러나 필자의 경험으로 보면 이것이 실패의 진정한 원인인 경우는 많지 않았다. 미숙하고 불완전한 영업 활동의 원인은 개인 능력의 한계 때문이 아니라 문제 해결을 위한 그 어떤 피드백도 하지 않은 관리자 때문인 경우가 많았다.

그러나 많은 관리자들이 이 점을 착각하고 있다. 영업인이 제대로 일하지 않는 것을 대개 타고난 능력의 한계 때문이라고 생각한다. 이러한 상황에 대한 전형적인 표현으로는 "신입사원을 잘못 뽑았어.", "박 대리는 대체 자발적으로 할 줄 아는 게 뭔가?", "김 과장은 머리에 든 게 없군."과 같은 것이 있다. 이렇게 영업인의 타고난 자질을 탓하는 것은 관리자가 자신의 책임을 회피하려는 변명인 경우가 대부분이다.

물론 개인의 능력의 한계 때문에 맡은 일을 제대로 수행하지 못하는 경우도 있겠지만, 이는 무척 드문 일이다. '개인적인 능력의 한계'라는 말은 말 그대로 업무 수행을 방해하는 '개개인의 바꿀 수 없는 신체적 한계' 같은 것을 말한다. 예를 들어, 업무 자체가 색맹인 사람이 할 수 없는 일인데, 색맹이라면 그것은 능력의 한계 때문이라고 할 수 있다.

또한 능력의 한계는 지식의 부족을 의미하는 것도 아니다. 예를 들어 당신이 신입사원으로 채용되었는데 업무 진행 방식을 모른다면, 그것은 능력의 한계가 아니라 업무 진행에 대한 지식이 없기 때문이다. 당신이 아무런 교육도 받지 않고 업무를 진행하는 것과 교육을 받았음에도 업무를 진행할 수 없는 것은 전혀 다른 문제다.

이와 같이 관리자들이 저지르는 가장 큰 실수는 지식의 부족을 '개인 능력의 한계'로 인식하고 문제를 해결조차 하지 않으려는 데 있다. 필자의 관찰에 따르면, 능력의 한계 때문에 일을 제대로 하지 못했다고 여겨지는 사람들 중 70~80퍼센트는 실패할 수밖에 없는 다른 이유가 있었다. 그들은 한 번도 그 일을 어떻게 해야 하는지에 대해 교육받은 적이 없었다.

대개 말을 잘 못하는 영업인은 매우 중요한 능력이 부족한 것처럼 보이지만, 사실 이것은 그저 화술에 지나지 않는다. 사람들 앞에서 말 한마디 제대로 못하던 사람이 화법 교육을 받은 후 효과적으로 자신의 의견을 말하는 것을 본 적이 있을 것이다. 만일 이런 영업인이라면 관리자 대부분은 2층 영업에 자질이 없다고 결론 내렸을 것이다. 이 사람에게 부족했던 것은 '능력'이 아니라 '지식'인데 말이다.

결론적으로 개인의 능력과 지식의 문제를 구분하는 것은 영업 관리자에게 매우 중요한 일이다. 더욱이 효과적인 피드백을 하기 위해서는 무엇이 진짜 문제인지를 발견하는 관리자가 되어야 한다.

성장을 돕는 피드백을 하라

영업 관리자가 지속적으로 발전하려면 피드백을 잘 활용해야 한다. 피드백을 제공하는 기술뿐 아니라 수용하는 기술도 익혀야 한다. 피드백은 상대가 건강하게 성장하도록 영양분을 공급해 주는 일이다. 그렇다면 효과적으로 피드백하기 위해 유념할 점에는 어떤 것이 있을까?

- 피드백이 반드시 부정적일 필요는 없다.
- 피드백은 일방적인 독백이 아니다.
- 피드백은 잘못을 비난하는 기회가 아니다.
- 피드백은 자신의 주장을 하는 것이 아니다.

세일즈 조직에서 피드백을 주고받는 일은 영업인을 관리하거나 동료들과 상호작용하는 데 무척 중요하다. 피드백은 상하 간이나 영업인들 사이에서만 오가는 게 아니라 고객에게서 받을 수도 있다. 인간의 행동을 연구하는 심리학자들은 높은 수준의 수행을 지속시키기 위해 가장 필요한 것은 피드백이라는 사실을 오래전에 발견하였다.

컬럼비아 대학교 교수였던 퍼드낸드 퍼니스의 『리더를 위한 코칭 스킬』에 나오는 재미있는 사례를 하나 보자.

볼링장에서 게임을 시작할 준비를 하고 있는 당신 모습을 떠올려 보라. 당신이 공을 던질 때마다 핀 위의 전등이 꺼지는 상황이 발생한다. 당신은 핀들이 쓰러지는 소리를 듣지만, 얼마나 많은 핀들이 쓰러졌는지는 볼 수가 없다. 주변을 둘러보지만, 아무것도 볼 수 없자 당신은 소리친다.

"이봐요, 핀 위의 불이 꺼져 있어서 내가 어느 핀들을 쓰러뜨렸는지 볼 수가 없어요."

핀이 있는 곳 근처에서 "핀이 두 개가 서 있습니다."라는 응답이 돌아온다. 당신은 "어느 핀이 두 개가 서 있습니까?"라고 묻지만 잘 모르겠다는 대답뿐이다. 선택의 여지가 없는 당신은 다시 볼 수 없는 핀들을 향해 공을 던지지만, 핀이 쓰러지는 소리를 듣지 못한다.

잠시 후에 전등이 다시 들어오고, 당신은 핀들이 하나도 쓰러지지 않은 것을 보게 된다. 당신은 "차라리 잘됐군." 하고 두 번째 프레임을 칠 준비를 한다. 당신이 공을 던지자, 핀 위에 있는 전등이 다시 꺼진다. 화가 난 당신은 소리친다.

"이봐요, 전등을 켜든지 아니면 내게 상황이 어떻게 되었는지 말해 주시겠어요?"

당신이 이러한 상황에서 2시간 동안 볼링을 계속 친다고 가정해 보자. 아무리 훌륭한 선수라 할지라도 그리 좋은 결과가 나오진 않을 것이다. 그 이유는 당신이 피드백을 받을 수 없기 때문이다. 행동 하나하나의 결과를 볼 수가 없으니 자신의 수행을 효과적으로 교정할 수 없었던 것이다.

만약 영업인이 잘못된 영업 활동을 하고 있다면, 그 이유는 제대로 된 피드백을 받지 못했기 때문이다. 영업인은 자신들이 현재 하고 있는 일을 얼마나 잘하고 있는지 혹은 얼마나 못하고 있는지를 모른다. 만약 스스로 잘하고 있다고 생각한다면 기존에 자신이 해왔던 방식을 바꿀 이유가 없다.

다음은 필자가 코칭을 담당했던 한 영업인의 사례다. A는 건강기능식품을 방문판매하는 조직에서 팀을 관리하고 있었다. 그런데 그는 일이 전혀 재미없다고 했다. 그 이유를 묻자, "내가 일을 잘하고 있는지, 지시대로 하고 있는지 전혀 알 수가 없으니까요."라고 대답했다. 하루 종일 바쁘게 일하고 매출도 어느 정도 올리지만, 일과가 끝나고 나면 만족감을 느낄 수 없다고 했다.

또한 "때가 되면 월급은 꼬박꼬박 나왔고, 함께 일하는 동료들과 하는 대화도 즐거웠지만 일하는 보람이나 성취감 같은 것은 전혀 없었습니다."라고 말했다. 그러다가 개인적인 매출이나 팀 매출이 떨어지면 상사가 나타나서 이것저것 지시하며 잔소리나 하고 돌아간다고 덧붙였다. 그는 회사의 배려로 코칭과 함께 피드백을 받기 시작한 후로 회사에서 자신에게 관심을 가지는 것 같아 기분이 좋고 일에도 흥미가 생겼다고 했다.

A의 경우를 보면, 피드백은 자신의 존재를 인정받는 것이 된다. 물론 일이 잘되지 않을 때는 피드백을 받는 것이 달갑지 않거나 기분이 무거워질 수도 있다. 그러나 피드백은 좀 더 발전하기 위한 전 단계다. 피드백이 없는 곳에서 일하는 것은 힘든 일이다.

아마도 많은 사람들이 비슷한 생각을 할 것이다. '영업인들이 무슨 생각을 하는지 관심을 갖지 않는다면, 회사는 도대체 무엇에 관심이 있는 것일까?', '영업인들이 좀 더 일을 잘할 수 있도록 지도하지 않고 회사는 대체 무엇을 하는 것일까?'라고 말이다.

피드백은 영업인의 '현 위치'에 대해 알려준다. 자신의 일이 회사 입장에서 어떠한지, 영업 관리자가 보기에 어떠한지, 팀으로서 어떠한지를 알려 준다. 물론 피드백이 좋은 내용일 때, 영업인은 더욱 의욕을 불태운다. 하지만 부정적인 피드백도 성장에 필요하다. 긍정적인 내용이든 부정적인 내용이든 간에 피드백은 사람들의 의욕을 북돋운다. 왜냐하면 그것은 '관심이 있다.'는 신호이기 때문이다. 오히려 아무런 피드백도 제공하지 않는 것은 무관심하다는 것을 의미한다.

그러니 관리자는 긍정적인 피드백을 적극적으로 제공할 필요가 있다. 아울러 영업인이 부정적인 피드백을 싫어할 것이라고 멋대로 짐작하지 마라. 피드백을 하는 목적을 정확하게 설명하고 배려하는 마음으로 이야기한다면, 그들은 부정적인 피드백이라도 기꺼이 받아들일 것이다.

긍정적 피드백을 제공하는 목적은 기대하는 바람직한 행동이나 양식을 강화하는 데 있다. 무엇보다 피드백의 궁극적인 목적은 불만족스러운 행동을 변화시켜서 개선하거나 보다 생산적인 행동 방식을 통해 변화에 대응하는 데 있다. 그러므로 당신 역시 위로는 직속 상사에게, 아래로는 당신이 이끄는 영업인들에게, 그리고 옆으로는 동료들에게 피드백을 제공해야 한다. 또한 피드백을 제공한 상대에게서 다시 피드백을 받아야 한다. 피드백은 조직과 개인의 성장과 발전에 매우 중요하다.

성과와 시기에 맞춰 피드백하라

당신이 만약 어느 영업인에게 시간을 투자해야 가장 효과적인지 알려면 구성원들이 다음의 4분면 중 어디에 해당하는지 알아야 한다.

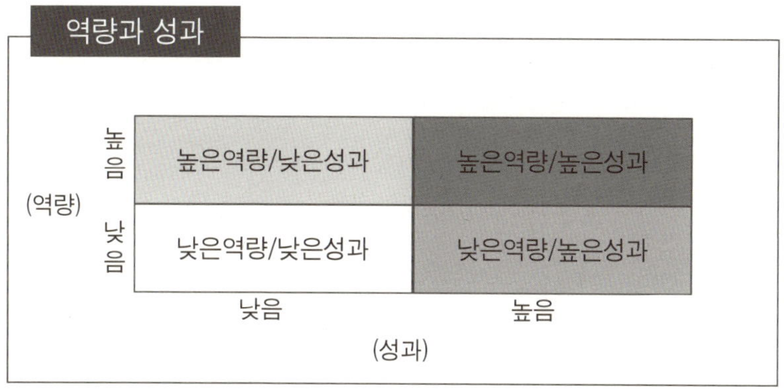

당신의 조직에서 앞의 각 분면에 해당하는 영업인들의 이름을 각

각 적어 보라. 하지만 이때 주의할 것이 있다. 전체적인 성과에 근거해서 분류해야지, 개인의 행동을 기준으로 판단해서는 안 된다는 것이다. 일단 이름을 다 적었으면 지도를 하거나 행동을 교정하거나 보상을 해 주거나 훈련을 시키는 데 가장 오랜 시간이 소요될 것이라 예상되는 영업인들을 생각해 보라. 어떤 사람에게 가장 많은 시간을 쏟아부어야 하는가?

솔직하고 공정하게 생각해 보자. 현재 성과를 보고 판단할 때 당신의 조직, 당신의 팀 그리고 당신의 효율성은 어떠한가? 관리가 쉽고, 높은 역량 혹은 높은 실적을 보이는 사람들에게 더 많은 시간을 쏟는가? 아니면 현재는 낮은 실적을 보이지만, 역량이 높은 사람들을 데리고 씨름하고 있는가? 역량과 실적 모두 낮은 사람들은 어떻게 하는가? 그들의 발전을 위해 노력하고 있는가?

먼저 높은 역량과 높은 실적을 보이는 영업인의 경우를 보자. 이들은 최우수 인력이자 보석 같은 존재들이다. 실적이 뛰어나고, 다른 분야의 일도 못하는 것이 없으므로 특별한 노력을 기울이지 않아도 된다. 그들이 어련히 알아서 잘하겠는가. 따라서 최소한의 시간만 할애하면 된다.

그런데 정말 우수한 영업인이라면 다른 회사에서 입사 제의를 해 올 수도 있다. 그렇다면 무엇으로 이들을 붙잡아 둘 수 있겠는가? 어떻게 해야 이들을 다른 회사에 빼앗기지 않고 지킬 수 있겠는가? 이런 영업인에게도 적극적인 보상 프로그램이 필요하다. 당근을 제공해야 하는 것이다.

다음으로 낮은 역량과 높은 실적을 보이는 영업인의 경우를 살펴보자. 대부분의 조직에는 이런 부류의 영업인들이 있다. 이런 영업인들을 다른 영업인들은 어떻게 생각할까? 많은 경우 그리 탐탁지 않아 한다. 성실하지도 않은데 좋은 성과를 내기 때문이다. 만약 관리자가 이런 영업인을 너그럽게 대하고, 요구를 잘 수용해 주며, 성과를 적극 보상해 준다면, 의도하지 않았더라도 '실적만 좋다면 어떻게 행동해도 상관없다.'는 메시지를 조직에 심어 주게 된다. 사실 이런 영업인은 관리자의 시간과 에너지를 가장 많이 빼앗아 간다. 이들에게는 좋은 성과 때문에 방법을 개선하라고 말하기도 쉽지 않다. 때로는 그 영업인이 회사를 떠나게 되면 어쩌나 걱정하기도 한다.

그렇다면 높은 역량과 낮은 실적을 보이는 영업인의 경우는 어떨까? 이들에게는 성과를 내도록 하는 게 필요하다. 그들이 해야 할 일이 무엇이며, 언제까지 마감해야 하는지 분명이 알려 줘야 한다. 또한 성과를 내는 데 필요한 교육을 실시하고, 표준 활동을 지키도록 독려해야 한다.

마지막으로 낮은 역량과 낮은 실적을 보이는 영업인의 경우를 보자. 이들은 영업 관리자에게는 걱정거리다. 영업을 시작한 지 오래된 영업인 중에도 이런 사람이 많다. 이런 영업인에게는 확실하게 그들이 처한 상황을 알리고 단호하게 행동해야 한다.

그들을 위해 최선을 다할 의무가 있지만, 그 의무를 다했다고 생각되면 다음 단계로 넘어가야 한다. 이런 영업인에게 지나치게 많은 시간과 노력을 쏟다가 다른 사람들을 돌보지 못하는 결과를 초

래해서는 안 된다. 성실하게 지도하고 피드백을 제공해도 소용없다면, 조직과 전체를 위한 최선책이 무엇인지 생각해서 실행에 옮겨야 한다.

영업인들의 유형을 나누고 각기 다르게 대처하는 것은 조직의 효율을 위해서다. 관리자에게 모든 영업인이 소중한 존재인 것은 맞다. 하지만 그렇다고 해서 그들 모두에게 할애할 시간과 에너지를 똑같이 분배하는 것은 올바른 방법이 아니다. 영업인들 각각의 특징을 잘 살펴서 적절한 방법을 적용해야 한다.

또한 적절한 시기에 피드백을 하는 것도 대단히 중요하다. 관리자들은 문제가 생겼을 때 바로 그 자리에서 피드백을 하는 경향이 있다. 이때는 모두가 이 문제를 생생하게 인식하고 있어서 즉각적인 피드백이 필요할 수도 있다.

하지만 필요한 사실과 정보를 얻기 전이나 구성원들의 감정이 불안정한 상태에서는 부정적으로 작용할 수도 있다. 피드백을 하는 데도 타이밍이 중요하다. 다음과 같은 상황이 발생했을 때가 피드백을 하기에 가장 적당한 시기다.

- 큰 계약을 수주했을 때

- 어려운 상황을 극복하고 계약을 성공적으로 완료했을 때

- 영업인이 영업 스킬을 향상시킬 가능성이 높을 때

- 개인의 행동이 팀이나 조직에 부정적인 영향을 미쳐 그 문제를 간과할 수 없을 때(이때는 영업인의 자긍심을 위협하지 않아야 학습·성장·변화에 더

많은 영향을 줄 수 있다.)

또한 피드백이 필요한 상황이더라도 다음과 같은 사항을 고려해야 한다.

- 개선하거나 강화하기를 원하는 행동을 관찰한 후에 가능한 한 빨리 피드백을 제공하기로 결정할 수 있다.
- 피드백을 받을 영업인과 쟁점에 대해 토의하기 전에 필요한 모든 정보를 수집할 때까지 기다릴 필요가 있다.
- 관찰된 영업인의 행동이 매우 못마땅하다면 당신이나 주위 사람들을 진정시킬 시간이 필요하다.

언제 피드백을 제공하는 것이 적합한지는 문제 상황과 피드백을 받는 사람에게 달려 있다. 상대방이 피드백을 받아들일 준비가 되어 있는지 파악해야 한다. 만약 상대가 마음의 준비가 안 되어 있는 상황이라면 자신에게 제공된 피드백 내용에 귀를 기울이지 않을 것이기 때문이다. 피드백을 제공하는 시기 못지않게 중요한 것이 피드백을 제공하는 방법이다. 긍정적인 내용이건 부정적인 내용이건 간에 피드백을 할 때는 다음 사항에 주의하라.

■ 성격이 아니라 행동에 초점을 맞춰라

피드백을 받을 영업인의 문제 행동과 그 행동이 영업 활동과 동료들에게 미치는 영향에 대해 피드백하라. 예를 들어, "당신은 무례하고 거만하다."라고 말하는 것은 그 사람의 됨됨이(성품·태도·성격)를 나무라는 것이다. 이것은 본격적인 피드백을 진행하기도 전에 이미 상대의 감정을 상하게 한다. 피드백을 받는 당사자의 감정이 상한 상태에서는 효과적인 피드백이 이루어질 수 없다. 이런 경우에는 "나는 지난번 세 차례에 걸친 회의에서 당신이 여러 번 다른 동료들을 방해하는 것을 보았다."라고 말하라. 이것은 객관적인 행동에 초점을 맞추고 있어 직전 방식의 피드백 형태보다 좀 더 수긍하기 쉽다.

■ 구체적으로 하라

피드백을 할 때는 "정말로 잘했어."라고 두루뭉술하게 말하기보다는 "당신이 프레젠테이션을 위해 사용한 동영상은 메시지를 이해시키는 데 효과적이었다."라고 말하라. 인정과 칭찬을 제공하는 피드백은 구체적으로 표현할수록 효과가 더 크게 나타난다.

■ 진실하게 하라

당사자의 문제 상황을 개선하는 데 도움을 주겠다는 분명한 의도를 가지고 피드백하라. 물론 이때 진실성이 얼마나 있는 그대로 상대에게 전달될지는 그동안 서로가 얼마나 신뢰 관계를 구축했느냐에 따라 달라질 것이다.

■ 현실적으로 하라

당사자가 노력을 통해 달성할 수 있는 범위 내에서 피드백하라. 상대가 아무리 노력해도 성취 불가능한 것은 몇 번을 피드백한다 해도 효과가 거의 없을 것이다.

칭찬으로 피드백하라

부모와 자녀, 관리자와 영업인, 부부 사이에서 상대방이 싫어하는 행동을 하면, 당신은 다음과 같이 반응할 것이다.

- "빨리 가서 자렴! 잘 시간이 지났잖니?"
- "오늘도 지각했군. 제시간에 출근 좀 하게."
- "당신은 양말을 치우는 적이 한 번도 없다니까!"

우리는 상대방이 눈에 거슬리는 행동을 하면, 그에 대해 반응을 한다. 미숙한 관리자는 너무나 많은 관심과 피드백을 잘못한 행위에 쏟아붓기 일쑤다. 당신은 은행에 갔을 때 창구 직원에게 무엇을 기대하는가? 정확성과 빠른 서비스, 친절 같은 것을 기대할 것이다.

　그러나 은행 직원들의 업무 성과를 어떻게 감독하는지 알고 나면 그들의 친절이나 혹은 10원짜리 하나까지 정확히 거슬러 주는 행위가 무슨 상장이나 받으려고 그러는 것이 아니라는 사실을 알게 될 것이다. 은행에서는 '일일 결산'을 통해 과납금이나 과부족금을 찾는다. 직원들이 무엇을 잘못했는지 점검하는 것이다.

　그러나 이렇게 직원들의 잘못된 행동에 초점을 맞추기보다는 긍정적인 행위를 더욱 강화하는 쪽에 초점을 맞추는 것이 보다 좋은 방법이다. 가령 매일 10원 단위까지 잔액을 정산해야 하는 창구 담당 직원에게 은행이 노고를 인정해 주고 그에 대한 보상을 해 주는 방식과 같이 말이다.

　미국 샌디에이고에 있는 씨월드는 이와 같은 분야에서 무척 탁월하다. 씨월드의 동물 대사로 임명된 줄리 스카디나의 인터뷰를 통해 우리는 씨월드가 얼마나 통찰력 있는 동물 조련 방식을 행하고 있는지 엿볼 수 있다.

　"우리는 흥미와 재미 그리고 격려가 넘치는 환경을 조성하도록 애쓰고 있어요. 우리는 반복했으면 하고 바라는 행동에 주의력을 집중합니다. 동물들의 실수를 크게 문제 삼지 않아요. 심하게 해 봤자 다른 곳 중간 정도도 안 되는 선이죠. 실수에 신경 쓰지 않는 것은 효과적인 훈련 방법이라고 할 수 있어요, 동물들이 훈련 자체를 두려워하면 기가 죽고 결국 방어적이 되거나 공격적으로 변할 수 있어요. 우리는 동물들과 조련사의 관계가 나빠지지 않도록 시스템적으로 관리하고 있습니다. 대신 긍정적인 관계를 계속해서 강화시키는 데 역점을 둡니다."

우리에게 씨월드의 조련사 같은 영업 관리자만 있다면 얼마나 좋겠는가? 하지만 대부분의 관리자는 잘한 일보다 문제만 파고든다. 사람들은 대개 남에게 잘하는 모습만 보여주고 싶어 한다. 그러나 많은 이들이 어떤 일을 그르치거나 실수를 하면 그 즉시 문제를 지적받지만, 오랫동안 열심히 일한 것에 대해서는 아무런 관심도 받지 못하고 있다.

스포츠 경기를 생각해 보자. 야구 경기에서 타자가 안타를 치고 달리고 있는데 아무런 응원 소리도 들리지 않거나 축구 경기에서 골을 넣는데도 함성이 들리지 않는 조용한 관중석을 상상할 수 있겠는가? 만약 경기를 지켜보던 관중이 이렇게 말한다면 어떨까?

"밥 먹고 매일 하는 일인데, 자기 할 일 하는 것 가지고 내가 왜 응원을 해야 하지?"

스포츠 경기를 볼 때는 그렇게 환호하면서 왜 열심히 하면서 잘하기까지 하는 영업인을 보고는 관심을 기울이지 않는 것일까? 관리자가 영업인에게 줄 수 있는 최고의 피드백은 제대로 하는 사람을 봤을 때 조금 호들갑스러워 보일 정도로 칭찬을 하는 것이다. 뭐 그렇다고 엄청나게 소란을 피우라는 말은 아니다. "잘했어요. 정말 수고 많았어요. 역시 김기은 씨답네요."라고 기분 좋은 격려, 칭찬 한마디 하라는 말이다.

다음은 필자가 한때 근무하던 회사의 한 임원 이야기다. 영업을 총괄하는 한 본부장은 매일 출근과 함께 한 명, 한 명 일일이 찾아다니며 영업인들과 하이파이브를 하면서 일과를 시작한다. 처음에는 모두 어색해했지만, 한두 달 지속되자 영업인들끼리도 자연스럽게 하이파이브를 하기 시작했다.

또한 매월 영업 목표 달성 여부와 상관없이 마감 후에는 한 달 동안 기울였던 노력에 대해 격려했으며, 실적에 대한 질책보다는 특별히 창의적인 노력을 했거나 새롭게 시작하는 일에 대해 칭찬했다. 물론 목표를 달성한 달에는 특별한 이벤트나 시상으로 격려했다.

어떤 달은 목표 달성이 어려워 전 영업인이 늦은 시간까지 퇴근하지 않고 머리를 맞대고 고민한 적도 있었다. 그럴 때도 그들을 질책하거나 나무라기보다는 식사나 전체 회의를 하며 부단히 격려해 주었다. 영업인들은 자신들의 노력을 이해하고 인정해 주는 그에게 감동하고 존경심을 느꼈다.

물론 팀워크와 사기도 최고였다. 그들은 최선의 노력을 했는데도 실적이 좋지 않을 때는 서로를 위로했으며 동료애로 똘똘 뭉쳤다. 실적이 좋으면 힘차게 하이파이브를 하며 파이팅을 외쳤다. 영업인들의 사기가 얼마나 올라갔을지 상상해 보라. 그들은 실패보다는 성공에 집중했다.

그리고 성공했을 때는 칭찬으로 서로에게 피드백하며 긍정적인 에너지와 사기를 최고조로 끌어올렸다. 이런 에너지가 더 많이 충전되면 어떻게 될까? 영업인들은 실패에도 의연하게 반응하며 다음 기회를 기약할 수 있게 된다.

16장

코칭하라

01. 코칭과 피드백 그리고 멘토링 | 02. 대립에 대한 두려움을 극복하라
03. 코칭을 완성하는 4단계 | 04. 제대로 코칭하라

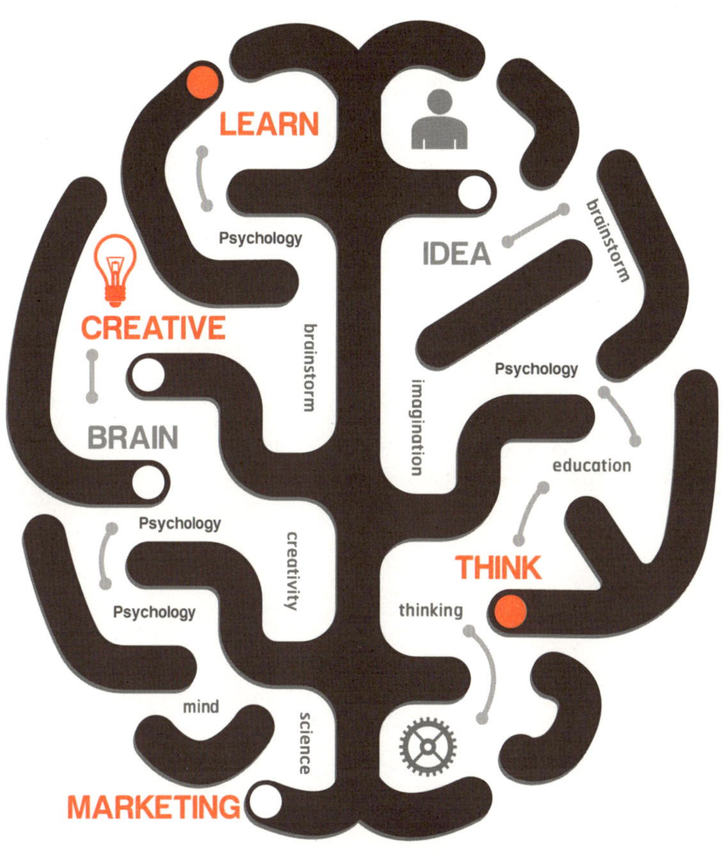

코칭과 피드백 그리고 멘토링

■ 코칭과 피드백

경영진이나 관리자들은 영업인의 능력 개발이 영업 성과를 높이는 데 중요하다는 것을 확신하고 있다. 또한 영업인의 역량 개발에 가장 효과적인 방법이 코칭이라는 것은 이미 영업 현장에서나 연구 결과로 잘 알려져 있다.

그러나 정작 현실은 어떠한가. 코칭을 활용하는 기업이나 세일즈 조직은 그리 많지 않다. 게다가 현장에서는 코칭과 평가의 개념을 혼동하는 일도 빈번하다. 수많은 세일즈 조직에서 연말 평가 과정을 영업인을, 코칭하는 기회로 활용한다. 그리고 연말 평가에 많은 시간을 할애했다는 이유로 연초에 해야 할 코칭을 연기하거나 취소하기도 한다. 그러면 대상자들은 연말이 돼서야 받은 평가 결과에 당황하며 혼란스러워한다.

또 다른 문제로는 많은 관리자들이 피드백을 주고받는 데 익숙하지 않다는 것이다. 그래서 실행에 바로 옮길 수 있고, 건설적인 내용의 피드백을 시기적절하게 제공하지 못하고 있다. 어디 그뿐인가. 더 높은 자리에 오를수록 자신에게 객관적인 조언을 해 주는 코치가 없음을 실감하게 된다.

가령, 회사에서 명확한 목표와 실행 전략을 정했다고 가정하자. 그리고 나면 전략에 따라 시간을 할당하고, 영업인들이 그렇게 하게끔 격려해야 한다. 이런 활동에 필요한 것이 바로 피드백이다. 피드백은 영업인이 전략에 따라 실행하도록 관리하는 가장 강력한 도구가 된다.

■ 코칭과 멘토링

많은 사람들이 코칭과 멘토링의 차이점을 잘 모른다. 멘토링이란 멘티에게 조언을 제공하고 때로는 업무와 관련된 충고를 제공하는 것이다. 반드시 멘티를 직접 관찰하거나 주위 사람들에게 그에 대해 물어볼 필요는 없다. 이때 멘토는 멘티에게 중요한 몇 가지 질문을 하고, 멘티가 하는 말에 적극적으로 반응해 주는 것이 중요하다.

멘토링은 멘티가 자신의 열정과 업무에 대한 포부를 확인할 수 있도록 도와준다. 또 목표달성을 위해 필요한 전략을 마련하는 데도 지침을 제시해 준다. 멘토는 일반적으로 멘티보다 나이와 경험이 많아서 그들을 지도하기에 적절한 위치에 있다. 그렇다고 멘토링이 코칭과 동일한 것은 아니며, 코칭을 대신할 수도 없다. 멘토링을 잘하려면 시간이 걸린다.

한편 훌륭한 코칭을 위해서는 시간과 노력, 관찰, 통찰력이 훨씬 더 많이 요구된다. 아울러 상당히 구체적이고, 건설적이며, 실행 가능한 커뮤니케이션을 해야 한다. 애매모호한 일반화나 관찰은 결코 바람직하지 않다.

다음은 필자가 전담 코치로 일했던 한 기업의 사례다. 이 기업의 사장은 기업이 직면한 다수의 과제들을 논의하기 위해 임원들과의 회의를 소집했다. 그의 목표는 현안 문제에 대한 원인을 파악하고 대처 방안을 찾는 것이었다. 그는 이 회의에 필자를 초대했다.

한 주가 시작되는 월요일 아침 회의에서 가장 중요한 영업 문제를 논의했다. 현장 영업인들의 실적이 놀라울 정도로 추락하고 있었는데 그 이유를 알 수 없었다. 회사는 이미 정교한 평가 프로세스를 구축하고 있었다. 더불어 신입 영업사원들에게 경력사원을 연결해 주는 멘토링 시스템도 운영하고 있었다. 필자가 현장 영업인들을 어떻게 코칭하고 있는지 자세히 설명해 달라고 요청하자 그들은 회사의 멘토링 시스템에 대해 알려 주었다. 필자는 좀 더 구체적으로 물었다.

"신입 영업사원들이 자신들이 하는 일이 옳은지, 어떤 부분을 개선해야 하는지, 더욱 발전하기 위해 무엇을 해야 하는지 어떻게 알 수 있을까요?"

필자의 질문에 한 간부가 답했다.

"그건 비공식적으로 자연스럽게 일어납니다. 저 역시 이 자리에 오르기까지 저를 도와준 코치가 몇 분 계셨습니다. 그분들이 많은 도움이 되었어요."

필자는 계속해서 물었다.

"간부들은 코칭해 주는 대가를 즉시 받습니까? 아니면 성과 평가 양식에 하나의 질문으로 포함됩니까? 실제로 코칭을 하고 있는지 어떻게 알 수 있나요?"

그러자 누구도 선뜻 대답하지 못했다. 그들은 코칭이 중요하다는 사실에 동의하면서도 필자의 질문에 답하려면 더 자세한 상황 파악이 필요하다고 인정했다. 그들은 해당 사안에 대해 더 많은 의견을 얻기 위해 현장 관리자들과 영업인들에게 질문하고 사장에게 그 결과를 보고하기로 했다.

몇 주 후에 필자는 경영진과 다시 만나 이야기를 나누게 되었다. 조사를 마친 임원들은 멘토링과 평가에 비해 코칭은 전혀 이루어지지 않는다는 사실을 새롭게 알게 되었다. 또 회사에서 다양한 업무 트레이닝 과정을 운영하고 있었지만, 코칭 방법에 대한 공식적인 트레이닝은 없었다. 조사를 마친 후, 임원진은 코칭을 영업본부의 핵심 우선 사항에 포함할 것을 요청했다.

또한 사장은 연설과 회의 시 코칭의 중요성에 대해 자주 강조함으로써 사안에 대한 인식을 높여 가기로 했다. 그리고 마지막으로 사장과 임원진이 코칭을 받는 한편, 부하직원들을 코칭하는 데 많은 시간을 할애하도록 했다. 사장은 훌륭한 코치가 되었고, 그의 적극적인 참여는 회사 전체에 롤모델로 작용했다. 사장은 최근까지도 정기적으로 필자와 만난다. 그는 코칭 문화를 통해 젊고 유망한 영업인을 육성하고 보유하는 성과를 얻었다고 한다. 또한 이러한 노력 덕분에 회사의 전반적인 성과가 향상되었다고 했다.

대립에 대한 두려움을 극복하라

코칭을 하다 보면 영업인의 반발로 대립 상황에 놓일 때가 있다. 영업 관리자들은 관찰과 자료 수집을 통해 영업인의 문제를 명확히 파악했는데도 이런 대립 상황이 불편하다는 이유로, 그것에 대해서는 한마디 말도 꺼내 보지 못하고 개선을 위한 행동도 쉽사리 권하지 못한다. 그러다가 영업인에게 결정적인 순간, 즉 승진이 불가능하다는 소식이나 해고 통지를 하기 직전에 그러한 문제점들을 들추어낸다.

그러다 보면 당사자들은 분노를 느끼면서 더 이상 영업 관리자를 신뢰하거나 존경하지 않게 된다. 당신을 잘 따르는 영업인에게 갑자기 나쁜 소식을 전하면, 그들이 당신을 경멸할 것 같아서 두려운가? 피드백을 받은 영업인이 갑자기 의기소침해질까봐 두려운가?

무엇 때문에 피드백하는 것을 주저하는가?

필자는 제대로 된 코칭을 받지 못해 회사를 떠나는 영업인들을 종종 본다. 건설적인 방식으로 이루어지는 코칭이 없기 때문에 이직을 결정하는 것이다. 또한 공정한 피드백을 제공하지 않는다는 이유로 영업인에게서 신뢰를 잃는 영업 관리자도 적지 않다. 그들은 어디로 가게 될까?

대부분이 무엇인가를 배울 수 있는 곳이나 코칭을 받을 수 있는 새 직장을 찾아 떠난다. 그들은 좀 더 일하기 쉬운 직장이나 대립이 전혀 없을 만한 직장을 찾는 것이 아니다. 오히려 문제를 피하기보다는 직설적이면서도 도전적인 자세로 문제를 대하는 관리자를 선호한다. 그런 영업 관리자는 현실을 직시할 수 있도록 일깨워서 영업인들의 신뢰와 존경을 한 몸에 받는다.

필자에게 여성 조직의 영업 관리자 한 분이 다음과 같이 도움을 요청했다.

"아무래도 제게 문제가 좀 있는 것 같습니다. 저는 영업인들에게 개선이 필요한 문제에 대해서 말하는 것이 어렵습니다."

필자가 그 여성 관리자에게 질문했다.

"왜 그런 것 같습니까?"

그녀는 혼란스러워하면서 말했다.

"잘 모르겠어요. 사람들과 대립하는 게 두려운가 봐요. 아직 영업에 대한 경험이 충분하지 않아서 그런 것 같기도 하고요. 또 사람들을 불편하게 하는 게 싫어요. 어쩌면 사람들이 저를 지나치게 좋아하기를 바라는 게 아닌가 싶기도 하고요."

그녀는 이미 몇몇 영업인들과는 관계가 틀어졌다고 시인했다. 평소에 코칭을 하지 않다가 연말에 부정적인 소식을 전한 것이 문제였다. 그녀는 효과적으로 피드백하는 방법에 대해 혼란을 느꼈으며 동시에 두려워했다.

필자는 이런 분들에게 다음과 같이 조언해 주고 싶다.

첫째, 누구에게나 사랑받으려는 지나친 욕심과 대립의 두려움에 대한 뿌리를 찾으라는 것이다. 따라서 자신을 돌아보고 왜 대립을 두려워하게 됐는지 생각해 볼 필요가 있다. 가까운 친구나 가족 등과 함께 이야기를 나누어 보는 것도 좋다. 또한 전문코치나 심리학자, 정신과 의사로부터 상담을 받아 보는 것도 도움이 될 것이다. 전문코치인 필자가 영업 관리자에게 정신과 상담을 권하는 것에 아마도 깜짝 놀랄 것이다. 그러나 이런 방법으로 리더십이 성장한 사례는 의외로 많다. 어떤 방법이든 내면의 두려움을 직시하고 나면 업무의 효율성이 크게 높아진다. 외부에서 당신을 도와줄 사람이 있다면 기꺼이 활용하라.

둘째, 부정적인 피드백을 즐겁게 생각하는 사람은 아무도 없다는 것을 기억하라. 두려움을 극복하고 스트레스를 줄이려면 코칭을 위해 철저히 준비해야 한다. 예를 들어, 당사자의 동료와 집중 면담을 하고, 어떻게 말할지 미리 생각해 놓으며, 경우에 따라 거울 앞에서 연습하는 것도 도움이 된다. 믿을 만한 동료나 당신의 코치와 함께 리허설을 해 보는 것도 효과적이다.

마지막으로, 영업인들의 업무 향상을 위해 필요한 정보가 부정적이라고 해서 전달하지 않는다면, 그들이 당신을 정말 '좋은 사람'이라고 생각할까? 절대 그렇지 않다. 당장은 당신이 원망스러울 수도 있겠지만, 멀리 보면 필요한 정보나 적절한 코칭을 제공하지 않은 당신의 리더십에 더 큰 야유가 쏟아질 것이다. 타고난 코치는 많지 않다. 그러나 코칭 기술은 충분한 노력과 준비 그리고 연습으로 얼마든지 향상시킬 수 있다.

코칭을 완성하는 4단계

영업 관리자들을 어떻게 하면 훌륭한 코치로 육성할 수 있을까? 여기에 필요한 요소를 『사람을 이끄는 힘』의 저자인 로버트 S. 캐플런은 다음과 같이 4단계로 나누어 설명하고 있다.

■ 1단계: 준비와 인센티브

코칭에는 시간이 걸린다. 영업 관리자들은 평소에 영업인의 강점과 약점을 파악하고, 업무 향상을 위해 무엇을 해야 하는지를 그들과 함께 논의하는 데 시간을 할애해야 한다. 진전 사항을 정기적으로 점검하고, 피드백을 제공하는 시간도 필요하다. 기업은 코칭 역량을 관리자로 승진할 때 필요한 하나의 자격 요건으로 포함시켜야 한다. 업무 평가에서 코치 역할을 제대로 할 수 있도록 관리자들에게 강조하지 않는가?

■ 2단계: 구체적인 피드백과 해결책 제안

효과적인 피드백은 구체적이면서도 실행에 초점을 맞춘 것이다. 즉, 실행으로 옮길 수 있는 것이어야 한다. 특히 상대방에 대한 비방으로 와전되는 것이나 애매모호한 표현은 반드시 피해야 한다.

한 예로 영업인들은 "고객의 말을 경청해야 합니다."라는 말을 자주 듣는다. 그러나 이 말이 무슨 뜻인지 이해는 하지만, 행동으로 옮기기란 쉽지 않다. 그것보다는 "고객의 눈을 맞추고, 고개를 끄떡이며, 고객의 말을 요약해 주고 한 번 더 확인시켜 주십시오."라고 말한다면 행동으로 옮기기가 훨씬 수월할 것이다. 이렇게 구체적인 내용의 피드백이 훨씬 더 효과적이다.

■ 3단계: 갱신과 후속 조치

전략을 세우고 나서 몇 년이 지나도록 갱신하지 않는 회사는 없을 것이다. 코칭도 마찬가지다. 코칭은 개개인이 세운 전략의 구체적인 내용을 추진하도록 도우려는 것이다. 그러므로 갱신과 후속 조치는 필수다.

조직에서 필요한 사항은 계속해서 변하게 마련이다. 마찬가지로 영업인들의 목표도 변한다. 영업인들은 현재 업무를 성공적으로 완수할 수 있는 방식을 코칭받기 원한다. 또한 다음 단계로 나아가기 위한 스킬을 배우고 싶어 한다. 따라서 효과적으로 코칭하려면 영업인의 다음 단계가 무엇이 될지 미리 내다볼 수 있어야 한다. 여기에 초점을 맞춰야 영업인의 성장을 도울 수 있다.

■ 4단계: 코칭 및 피드백 문화 조성하기

피드백에 대한 책임은 누구에게 있는가? 필자는 피드백을 요청하는 것은 100퍼센트 영업인의 몫이라고 생각한다. 이는 자신의 강점과 약점을 파악하고, 극복할 방법을 배우기 위한 과정이기 때문이다. 또한 100퍼센트 영업 관리자의 책임이기도 하다. 이 말은 영업인은 적절한 피드백을 얻기 위해 노력해야 하고, 관리자는 효과적인 피드백을 제공하기 위해 부단히 애써야 한다는 뜻이다.

양측이 모두 이런 태도로 임할 때, 진정으로 효과적인 코칭이 가능한 환경이 조성되었다고 할 수 있다. 이런 환경에서는 모든 직원이 자기계발에 투자할 수 있기 때문에 누구도 희생자가 되지 않는다. 모두가 성장·학습·발전을 위한 기회가 주어질 것이라는 믿음을 가질 수 있다.

승진을 하거나 포상을 받겠다는 것은 결코 최종 목표가 될 수 없다. 목표는 모든 이들이 자신의 잠재력을 발견할 기회를 제공받는 것이 되어야 한다. 이런 조직문화는 구축할 만한 가치가 있다. 예를 들어, 훌륭한 코치에게는 보상을 아끼지 않고, 회사 내에 성공담을 널리 퍼뜨리며, 코칭받는 데 집중해서 자기계발에 큰 진전을 이룬 영업인에게는 아낌없는 박수를 보내야 한다. 그러면 그 사례가 조직원들의 입에 오르내리면서 생명력을 가져 각자가 원하는 결과를 달성하는 데 힘을 실어 줄 것이다.

　목표 달성에 실패한 원인을 추적해 보면, 핵심 직책에 부적격자가 자리하고 있는 경우가 종종 있다. 좀 더 거슬러 올라가 보면, 기업이 인재를 발탁하고 유지하고 키우는 일에 소홀했다는 것을 알 수 있다. 한 단계 더 깊이 들어가 보면, 기업이 학습이나 코칭의 중요성을 간과하고 이러한 문화를 적극적으로 조성하거나 강화하지 못한 것이 원인이다. 훌륭한 코칭 문화는 뛰어난 인재들을 자석처럼 끌어당길 뿐만 아니라 훌륭한 인재들을 키우는 원동력임을 기억하라.

제대로 코칭하라

효과적인 코칭의 첫 번째 단계는 코칭을 받을 사람과 그가 처한 상황 그리고 그가 현재 가진 기술을 파악하는 것이다. 그것을 파악하는 최고의 방법은 직접적인 관찰이다. 영업 관리자의 목표는 영업인의 약점과 강점을 확인하고, 그것이 목표를 달성하는 그의 역량과 동료들 그리고 조직에 어떤 영향을 미치는지를 이해하는 것이다. 관찰을 할 때는 다음과 같은 점들을 염두에 두어야 한다.

- 그 사람이 무엇을 잘하고 있는지 혹은 못하고 있는지 알아내라. 가능한 한 정확히 파악하고, 문제의 원인이 무엇인지도 찾아내야 한다.
- 조급한 판단은 삼가라. 한두 번의 관찰만으로는 당사자의 문제를 완벽하게 파악할 수는 없다. 특히, 자신의 판단에 일말의 의심이라도 든다면 계속

관찰해야 한다.

- 자신의 판단을 테스트하라. 적정한 시점이 오면, 그 상황을 믿을 만한 동료들과 의논하라. 그들이 관찰한 내용을 당신의 관찰 내용에 추가하라.

- 비현실적인 기대를 삼가라. 스스로의 기준을 다른 사람에게 적용해서는 안 된다. 아마도 당신은 영업인 시절부터 스스로에 대한 기준을 높게 잡아 왔고, 실제로도 뛰어난 기록을 달성함으로써 승승장구했을 것이다. 다른 사람도 당신과 똑같이 의욕이 높고 능력이 뛰어나다고 생각하는 것은 비현실적이고 불공평할 수 있다.

- 주의 깊게 들어라. 어떤 사람이 도움을 요청하는데, 당신은 그 이야기를 듣지 못할 수도 있다. 스스로에게 '내가 영업인들의 이야기를 들을 기회를 놓쳐 버린 것은 아닌가?'라고 질문하라. 사람들에게 어떤 종류의 도움이 필요한지, 그들이 어떤 식으로 도움을 청할지 파악하고 있기란 쉽지 않다. 기회를 보며 영업인들의 이야기를 경청하라.

■ 관찰 내용을 당사자와 솔직히 논의하라

일단 관찰을 통해 어떤 부분을 도울 수 있는지 알아냈다면, 이제 그 직원과 대화를 시도하라. 당신이 관찰한 내용에만 충실해야 한다. 예를 들어, "내가 관찰한 바로는 이러이러합니다."와 같은 말로 시작한다.

또한 그의 행동이 집단의 목표와 동료들에게 미치는 영향을 언급하라. 예를 들어, "제가 ○○씨 동료라면 ○○ 씨가 이 일에 전념하지 않는 것 같다는 생각이 들 것 같습니다. ○○ 씨가 회사에 자주 지각하기 때문에 그런 인상을 받았습니다."와 같이 지적하는 것이다. 영업인의 행동과 그로 인한 영향을 설명할 때는 진술하면서도 상대에게 실제적으로 도움이 될 수 있는 방식으로 말해야 한다.

■ 적극적으로 경청하라

코치는 상대방에게 초점을 맞추어야 하는데, 이는 코치가 상대의 이야기를 적극적으로 경청할 때 가능하다. 적극적인 경청은 의사소통을 촉진하고 상대방을 편안하게 만들어 준다. 적극적으로 다른 사람의 이야기를 경청하는 사람은 다음과 같은 행동으로 화자의 말에 주목한다.

- 화자의 눈을 지속적으로 맞춘다.

- 적절한 순간에 미소 짓는다.

- 다른 일에 정신을 빼앗기지 않는다.

- 필요할 때는 메모한다.

- 보디랭귀지에 신경 쓴다.

- 먼저 들어 주고 나중에 평가한다.

- 좀 더 명확히 이야기해 달라고 부탁할 때를 제외하고는 절대로 상대방의 말을 끊지 않는다.

영업 관리자 중에는 영업인이 채 말을 마치기도 전에 끼어드는 사람이 많다. 그런 사람은 영업인의 이야기를 답답해하며 듣고 있다가 이야기가 끝나기도 전에 말을 가로채 버린다. 하지만 이것은 진정한 경청이 아니다.

경청 기술을 제대로 배우지 못한 매니저들의 문제점은 '나는 당신의 이야기를 잘 듣고 있다.'고 착각한다는 것이다. 영업인이 이야기한 내용을 잘 파악하는 것도 중요하지만, 관리자가 영업인 자신의 이야기를 경청하고 있다고 느끼도록 행동하는 것도 중요하다. 따라서 의식적으로 영업인의 이야기를 경청하고 있다는 메시지를 전달할 필요도 있다.

이런 말을 하면 영업인 한 명 한 명의 이야기를 경청할 시간이 어디 있느냐는 관리자가 있을지도 모른다. 그러나 억지로 술자리에 데려가거나 의미 없는 회의로 오랜 시간을 흘려보내는 것보다는 단 한 번이라도 영업인들의 이야기를 제대로 듣는 것이 시간을 훨씬 절약하는 일일 것이다.

■ 적절한 질문을 던져라

코칭의 기본은 명령이나 설득으로 영업인을 움직이는 것이 아니라 질문으로 마음속에 있는 답을 끌어내 실행으로 이끄는 것이다. 관리자와 영업인의 관계에서도 이 원칙은 변하지 않는다. 적절한 질문은 영업인을 제대로 이해하고 그의 관점을 이해하는 데 도움이 된다.

그렇다면 관리자가 반드시 알아 두어야 할 질문의 형식에는 어떤 것들이 있을까? 확대 질문, 미래 질문, 긍정 질문 등이 있다. 확대 질문과 대조되는 질문으로는 특정 질문이 있고, 미래 질문과 대조되는 질문으로는 과거 질문, 긍정 질문과 대조되는 질문으로는 부정 질문이 있다.

확대 질문과 미래 질문 그리고 긍정 질문의 공통점은 모두 상대방의 가능성을 최대한 이끌어 내는 것을 목적으로 한다는 것이다. 같은 질문이라도 영업인의 가능성을 이끌어 내는데 도움이 되는 질문이 있고 그렇지 않은 질문이 있다.

영업 관리자 중심의 관리에서 영업인 중심의 관리로 전환하기 위한 첫걸음은 지시형 커뮤니케이션을 질문형 커뮤니케이션으로 바꾸는 것이다. 그러면 이들 세 가지 질문과 그와 대조되는 질문에 관하여 좀 더 자세히 알아보자.

▶ 확대 질문과 특정 질문

특정 질문이란 질문받는 사람이 깊이 생각하지 않고 바로 대답할 수 있는 질문이다. 예를 들어 "입사 몇 연차이십니까?", "오늘이 며칠입니까?"와 같은 식의 질문이다. 즉, 질문에 대한 답변이 명확히 정해져 있는 경우다. 또는 "아니요."라고 대답할 수 있는 질문도 특정 질문에 속한다. 예를 들어, "미혼이십니까?"와 같은 질문인데, 이런 질문에는 "예." 혹은 "아니요."와 같이 두 가지 선택 사항 중 반드시 한 가지 선택 사항으로 답변해야 한다.

반대로 확대 질문은 "비전이 무엇입니까?", "어떤 일을 하시고 싶습니까?"와 같이 즉시 답하기 어려운 가능성이나 역량을 확대해서 생각해야 하는 질문을 의미한다. 따라서 영업 관리자가 영업인의 역량과 가능성을 이끌어 내기 위해서는 특정 질문보다는 확대 질문이 훨씬 효과적이다. 확대 질문은 다음과 같은 상황에서 특히 유용하게 사용할 수 있다.

- **대안을 탐색할 때** : "어떤 다른 방법이 있겠습니까?"
- **마음가짐이나 요구 사항을 밝힐 때** : "지금까지 우리가 함께 진행한 일들에 대해 어떻게 생각하십니까?"
- **우선순위를 정하고 구체적인 답변을 원할 때** : "이 건과 관련해서 가장 중요한 문제는 무엇이라고 생각하십니까?"

한편 특정 질문은 다음과 같은 상황에서 사용할 수 있다.

- **반응에 초점을 둘 때** : "고객님과의 관계가 예정대로 잘 진행되고 있나요?"
- **상대가 말한 내용을 확인할 때** : "자, 그럼 당신이 어려워하는 문제는 일정을 짜는 건가요?"

상대의 생각과 감정에 대해 더 많이 파악하고 싶다면 확대 질문을 이용하라. 관리자는 이런 질문을 통해 해당 문제에 대한 영업인의 생각과 속마음을 알아낼 수 있을 것이다. 또한 관리자가 더 나은 조언을 고안해 내는 데 도움을 받을 수도 있다.

▶ 미래 질문과 과거 질문

과거 질문은 질문 속에 과거형 단어가 포함된 질문이다. 예를 들어 "지금까지는 어떻게 했습니까?", "그렇게 했던 것은 무엇 때문이었습니까?"와 같은 질문이다. 반대로 미래 질문은 "어떻게 하실 계획입니까?", "어떻게 하고 싶으십니까?"와 같이 미래의 가능성에 무게를 둔 질문을 말한다. 어디까지나 코칭은 부하 직원의 '가능성'이란 관점에서 접근한다는 측면에서 볼 때 과거 질문보다는 미래 질문이 더 효과적이라 할 수 있다.

▶ 긍정 질문과 부정 질문

부정 질문은 '아니다.'라는 부정의 의미가 질문 속에 포함된 것을 말한다. 예를 들어 "일이 순조롭지 않은 이유가 무엇입니까?", "확실하지 않은 것이 무엇입니까?"와 같은 질문이 이에 속한다. 반대로 긍정 질문은 "어떻게 하면 일이 순조롭겠습니까?"와 같이 긍정적이고 희망적인 관점의 질문을 의미한다. 이런 차이로 인해 부정 질문을 받을 때와 긍정 질문을 받을 때 영업인의 생각은 전혀 다른 방향으로 흘러간다. 물론 긍정 질문을 받은 영업인이 각종 상황이나 사고를 긍정적인 관점으로 받아들일 가능성이 높아진다.

|7장|

유능한 관리자의 조건

01. 신뢰부터 쌓아라 | 02. 올바른 롤모델이 돼라
03. 반드시 계획부터 세워라 | 04. 적합한 사람을 리크루팅하라
05. 함께 꿈꿀 수 있는 비전을 공유하라 | 06. 교육으로 승부하라

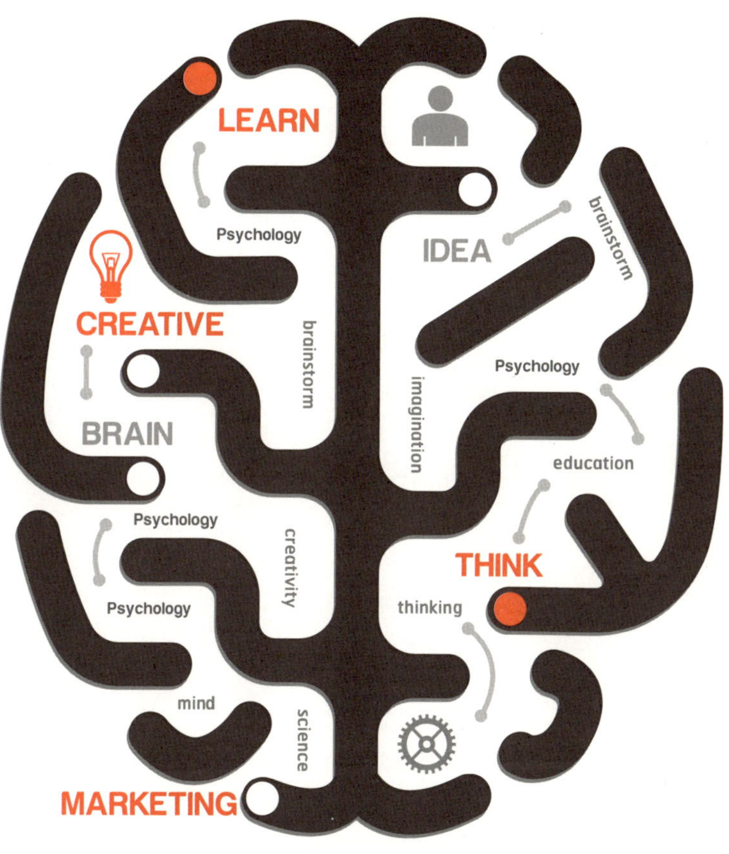

신뢰부터 쌓아라

심리학에서는 자신의 마음을 여는 것을 '자기 개방'이라고 한다. 그렇게 자기 개방을 하면 상대도 자연스럽게 마음을 열게 되는데, 이를 '반보성의 법칙'이라고 한다. 따라서 영업인이 마음을 열기 바란다면 영업 관리자가 먼저 마음을 열 필요가 있다. 이처럼 신뢰 관계의 초기 단계에서는 영업인이 친밀감과 안정감을 느끼도록 하는 것이 중요하다.

관리자가 영업인과 신뢰 관계를 구축하려면, 상대의 관점에서 이해하려는 노력이 필요하다. 그래야 효과적인 피드백이 가능하다. 사람들은 서로 다른 가치관을 가지고 있다. 문화적 배경이나 사고 방식, 문제해결 방식, 교육 수준, 습관적 언어, 커뮤니케이션 능력, 생활 방식, 인종, 성별, 기대치, 나이 등이 제각각이다. 제대로 된 피

드백을 제대로 하려면 무엇보다도 영업인의 개인적인 욕구와 흥미
는 물론 세세한 것들까지 잘 파악하고 있어야 한다.

그리고 관리자가 피드백을 제공할 때 영업인이 마음을 여는 것은
관리자를 신뢰하느냐 안 하느냐에 달려 있다. 관리자는 다음과 같
은 방법으로 영업인에게서 신뢰와 존경을 받을 수 있어야 한다.

- 영업인의 능력 개발을 도와줄 수 있는 역량과 경험이 있어야 한다.
- 정직하고 믿을 수 있어야 한다.
- 영업인의 말을 경청하고, 개방성을 유지하며, 원활한 소통으로 상대에게
  진정으로 필요한 것이 무엇인지 관심을 보여야 한다.

관리자가 영업인을 신뢰하고 존중한다면, 영업인의 신뢰와 존중
을 받을 수 있다. 관리자가 영업인을 신뢰하면, 그들의 성과와 만족
에 영향을 미친다. 반대로 영업인이 관리자를 신뢰하면, 일에 대한
만족도가 오르고 갈등 상황도 적게 발생한다. 이처럼 신뢰는 조직
을 원활하게 하는 윤활유 역할을 한다.

신뢰는 가치, 태도, 분위기와 감정 등이 동시에 작용하면서 진화
한다. 첫 만남에서 서로의 가치가 많은 부분에서 일치한다는 것을
확인하면 신뢰는 빠르게 구축된다. 만일 첫 만남에서 서로의 가치
가 무척이나 다르거나 판단하기 애매한 경우에는 신뢰 구축을 잠시
유보한다.

신뢰는 조직 내에서 협력적 행동의 근거이자 핵심이다. 영업 관

리자가 신뢰의 구축과 관련한 메커니즘에 주목해야 하는 이유가 바로 여기에 있다. 만일 팀의 영업인과 높은 신뢰 관계에 있다면, 그들은 단순한 사업 파트너가 아니라 믿음직한 동료로 여겨질 것이다. 다시 말해, 진정한 '팀'이 되는 것이다. 이런 경우 팀워크가 좋아지고, 팀원들은 공동의 목적을 위해 기꺼이 참여하고 희생하게 된다.

사람들에게 "당신은 누구를 신뢰하는가?", "그 사람을 왜 신뢰하는가?", "무엇이 그 사람을 신뢰하게 하는가?"라고 질문하면, 보통 좋은 사람, 진실한 사람, 도덕적이고 성실한 사람처럼 주로 성품적인 측면을 말한다. 물론 좋은 성품은 신뢰를 얻는 데 반드시 필요하지만, 성품만으로 신뢰를 얻을 수 있는 것은 아니다. 신뢰를 얻는 데는 성품과 역량이라는 두 가지 요소가 필요하다. 성품에는 성실성, 동기, 의도 등이 포함되고, 역량에는 능력, 기술, 성과, 실적 등이 포함된다.

어떤 사람이 진실하고 정직하더라도 성과가 좋지 않다면 완전히 신뢰하기 어렵다. 그 반대도 마찬가지다. 아무리 역량과 기술이 뛰어나고 실적이 좋은 사람이라도 정직하지 않으면 신뢰할 수 없다. 이처럼 비즈니스적인 상황에서 신뢰 관계를 구축하기 위해서는 성품과 역량 두 가지 모두 중요한 요소로 작용한다. 특히, 영업 관리자에게 역량은 신뢰 관계를 쌓는 데 주요 요소라 할 수 있다.

그렇다면 영업 관리자가 영업인의 신뢰를 얻으려면 어떻게 해야 할까?

첫째, 영업인들을 제대로 파악하라. 먼저 영업 관리자가 직접 관리하는 영업인들에게 집중한다. 그런 다음 다른 영업인들에게도 시선을 돌린다. 업무에 대해서만 이야기한다거나 공손하게 대화하는 것과 같은 일상적인 기준에서 벗어나도록 하라. 점심시간에 영업인들과 대화하라. 한 달에 한 번 정기적으로 영업인들과 함께 식사하는 자리를 계획하라. 이때 일상적인 업무 이야기보다 당신 자신에 대한 이야기로 대화를 여는 것도 좋다. 당신의 관심사, 성장 배경, 커리어 목표 같은 것 등의 화젯거리를 미리 준비해 가도록 한다.

초기에는 모든 영업인들과 적어도 두 번은 일대일 면담을 하도록 노력해야 한다. 그런 시간을 통해 영업인들의 걱정거리, 포부, 다른 영업인들과의 관계, 불만 사항 등을 들을 수 있을 것이다. 당신은 영업인들에게 관심이 많다는 메시지를 전달해 줄 필요가 있다. 그렇다고 해서 가식적인 태도를 취해서는 안 되며, 그저 잘 경청해 주면 된다. 그리고 드러나지 않은 문제를 밝혀내라. 단, 그 내용을 당신의 계획이나 목표를 실행하기 위한 수단으로 사용해서는 절대 안 된다.

둘째, 세일즈 조직의 행동 지침을 설정하고 실행하라. 조직의 행동 지침은 바람직한 표준이라고 여겨지는 행동을 집약한 모델이다. 이런 행동 지침을 반드시 명시할 필요는 없지만, 영업인들과 함께 행동 지침을 정하고 글로 적어 두면 실제적인 효력을 발휘할 수 있다. 회사의 가치를 근거로 행동 지침을 규정하는 리더들도 있다. 이때는 반드시 행동상의 규약임을 밝혀서 이를 실천하게끔 해야 한다. 만약 그 지침을 어길 경우에는 반드시 그에 따른 조치를 취해야 한다.

셋째, 반드시 약속을 지켜라. 약속을 어기면 어렵게 쌓아 온 신뢰 관계가 하루아침에 무너진다. 따라서 일관성 있는 태도가 중요하다. 만약 영업인에게 언제까지 뭔가를 해 주기로 했다면, 최선을 다해 그 약속을 지켜야 한다. 지킬 수 없는 약속은 절대로 하지 말아야 한다. 최선을 다해 약속을 지키려고 노력했음에도 도저히 지킬 수 없는 상황이라면 상대에게 솔직히 말하는 것이 바람직하다.

올바른 롤모델이 돼라

빈센트 반 고흐는 처음 화가의 길로 들어설 무렵, 여러 명의 선배 화가들을 자신의 스승으로 여기고 그들의 작품을 모방했다. 그리고 그중에서도 밀레를 가장 존경해 진정한 스승으로 삼았다. 고흐는 밀레의 예술뿐 아니라 삶까지도 자신의 모범으로 삼아 그를 흉내 내기 위해 부단히 노력했다. 그는 평생에 걸쳐 밀레의 작품을 끊임없이 모방했다.

그런데 밀레는 사실 고흐가 그림을 그리기 시작하기 이미 오래전에 죽은 사람이고, 고흐를 자신의 제자로 삼은 적도 없다. 하지만 고흐는 그를 믿고 따랐고, 마침내 자신만의 창조적인 미술 세계를 창안했다. 반 고흐는 동생 테오에게 보낸 편지에서 밀레를 영적 스승이자 아버지라고 불렀다.

이와 마찬가지로 가장 훌륭한 리더는 구성원들이 믿고 따를 수 있는 롤모델이 되는 사람이다. '모델링'은 학문적으로 한 개인이 자신의 모델로 삼은 사람의 행동 및 사고 방식과 심리적으로 일치시키려는 행위를 일컫는다. 역할 동일시가 특정인이 단지 자신과 유사하다는 이유 때문에 그의 행동, 목표, 지위 등을 닮고 싶어 하는 행위라면, 모델링은 학습에 유용하기 때문에 특정인을 모델화하여 새로운 과업, 스킬, 규범을 배워 가는 것이라고 할 수 있다.

학자들의 연구에 따르면, 리더는 조직 내에서 스스로 모범을 보임으로써 자신이 표방하는 가치에 열중하고 있음을 보여주어야 하며, 그것이 오랜 시간에 걸쳐 조직원들로부터 신뢰를 얻고 유지하는 방법이라고 한다. 또한 자신의 언행이 일치하는 리더는 그렇지 않은 리더보다 사람들에게 더 큰 영향을 미친다고 한다.

사람들이 롤모델을 찾고 이를 따르는 데는 두 가지 이유가 있다. 첫 번째는 롤모델을 통해 자신의 역할에 대한 기대를 충족시키기 위해서다. 조직 내에서 기대되는 역할을 수행하고자 할 때, 롤모델은 바로 역할 기대의 전형이 된다. 롤모델은 조직의 성과 표준, 기술, 규범뿐 아니라, 암묵적으로 수행해야 하는 역할에 대해서도 적절히 보여준다. 두 번째는 롤모델이 자신의 자아개념을 형성하는 데 유용하기 때문이다. 사람들은 자신이 누구인지, 어떻게 되고 싶은지에 대한 자아개념을 자신이 설정한 역할 모델을 통해서 재형성하게 된다.

사람들이 누군가를 닮고 싶어 하는 과정에는 세 가지 유형이 있다.

첫 번째는 '관찰'과 '학습'이다. 사람들은 관찰을 통해서 롤모델의 특정한 행동이나 태도를 따라 한다. 즉, 다른 사람의 행동을 기억하고, 미래에 영향을 미칠 수 있는 행동의 원칙들을 발견해 그대로 실천하는 것이다. 두 번째는 '상호작용'과 '관여'다. 경험 많은 사람이 그렇지 않은 사람을 지원하는 과정에서 두 사람은 보다 끈끈한 관계를 형성하게 되고, 이를 통해 상대를 모방하고 닮아간다. 세 번째는 '동일시'와 '사회적 비교'다. 사람들은 직접적인 상호작용 없이도 다른 사람의 매력에 끌릴 수 있다. 이것이 동일시의 과정이다. 또한 자신과 유사한 사람, 우수한 사람들과 비교하면서 자신의 행동을 평가하고 스스로에게 동기부여를 하게 되는데, 이것이 바로 사회적 비교다.

유능한 리더는 구성원들의 행동 모델일 뿐 아니라 역할 모델로서 조직 안에서 성공적인 사람이다. 리더는 기본적으로 자신의 역할과 책무, 직위 등을 통해서 구성원들의 적응을 돕고, 경력 개발을 독려한다. 그 과정에서 구성원들은 리더를 닮아간다. 만약 리더가 구성원들에게 좋은 역할 모델이 되지 못한다면, 결과적으로 그 조직에 부정적인 영향을 미칠 수밖에 없다. 따라서 리더는 특정 스킬과 영향력을 발휘하기 전에 바람직한 역할 모델이 되고 있는지를 스스로에게 물어야 한다.

리더는 조직이 추구하는 가치와 미션, 비전의 표상이다. 따라서 조직이 가고자 하는 방향, 조직이 추구하는 가치에 부합하는 이미지를 창출하고, 구성원들에게 지침이 되어야 한다. 많은 관리자들이 영업인을 육성하는 데 교육 혹은 훈련이 전부라고 생각한다. 그러나 이는 잘못된 생각이다. 이러한 관리자들은 영업인을 2~3일짜리 훈련 프로그램에 보내고 나면 자신의 역할을 다했다고 생각한다. 효과적인 모델링과 코칭 그리고 지원이 없이 교육 혹은 훈련을 시키는 것은 무척 비효율적이다.

더욱이 교육이나 훈련에 참가하고 난 후 개인적인 노력을 기울이지 않는 영업인은 대부분이 이렇다 할 성과 개선을 보이지 못한다는 것을 우리는 경험과 연구를 통해서 알고 있다. 교육 혹은 훈련도 중요하지만, 그것만으로 모든 것을 기대할 수는 없다. 모델링과 코칭을 통한 규칙적인 보강이 없는 교육과 훈련은 만족스러운 결과를 가져올 수 없다.

반드시 계획부터 세워라

영업인을 육성하는 것은 마라톤과 같다. 훌륭한 관리자는 단시간에 승부를 보려 하지 않는다. 세일즈 조직 관리는 인내심과 꾸준함을 요구하는 자리다. 강한 세일즈 조직을 원하는 관리자라면 멀리 보고 계획을 세워야 한다.

사전 준비 없이는 안심하고 여행할 수가 없다. 오랫동안 교통편을 기다리거나 목적지에 도착해서도 마땅한 숙소를 찾지 못해 방황하는 것처럼 예상치 못한 어려움에 처할 수 있기 때문이다. 그럴 때마다 당황하여 어쩔 줄 몰라 한다면 여행에 대한 기대나 설렘이 불안과 짜증으로 변해 여행을 망치기 쉽다. 이처럼 겨우 일주일짜리 여행일지라도 계획 없이는 멋진 여행을 기대하기 어렵다.

하물며 수많은 영업인들의 활동을 관리해야 할 관리자가 적절한 계획도 없이 조직을 운영한다면 어떻겠는가. 그로 인한 손실은 실로 엄청날 것이다. 특히, 대리점 사업자나 자영업자는 초기 발생 비용을 감당하기 어렵거나 무엇을 어디서부터 시작하고 해결해야 할지 몰라 쉽게 포기하는 경우가 허다하다. 이러한 관리자라면 영업인들의 영업 활동을 표준화할 수 없으리라는 것은 불을 보듯 훤하다.

관리자에게는 본사에서 맡긴 영업인들이나 리크루팅으로 스스로 일구어 낸 귀중한 영업인이 있을 수도 있다. 계획이란 바로 이런 영업인들을 효과적으로 관리하여 더 나은 성과를 내기 위해 반드시 필요하다.

세일즈 조직을 운영하는 데 필요한 계획은 크게 채용 계획, 육성 계획, 성과 달성 계획의 3단계로 나누어 생각해 볼 수 있다. 어떤 사람을 채용해서 어떻게 육성하고 얼마만큼의 성과를 달성할 것인지 계획을 세운다는 것은 결국 관리자의 가용 자원과 가용 시간의 분배 문제라고 할 수 있다. 대리점 관리자나 점주의 능력에는 사실 한계가 있다. 따라서 관리자 한 사람이 관리하고 훈련하며 지원해 줄 수 있는 영업인의 수에도 한계가 있다. 이것은 업무의 내용이나 관리자의 능력과도 관계가 있지만, 일반적으로 영업인의 숫자가 많아지면 많아질수록 관리는 거칠어지고 조직의 결속력이나 능률은 떨어진다.

필자의 경험으로 보면, 세일즈 조직에서 관리자 한 사람이 이상적으로 관리할 수 있는 영업인의 수는 3~7명 정도였다. 관리자가 유능한 경우라도 그 한계는 10명가량이다. 그 이상이면 일대일 지도나 관리가 불가능하다. 그러면 중도 탈락자가 증가한다. 그리고 아무리 신규 채용을 하더라도 일시적으로는 인원이 증가할 수 있으나 결국에는 정체 상태가 된다. 반면 영업인이 3~5명 정도일 때 관리자는 효과적인 관리가 가능해져 영업력을 향상시킬 수 있다.

이와 같이 성공하는 세일즈 조직을 만들기 위해서는 우선 이러한 관리의 한계와 원칙을 이해해야 한다. 인원의 증가와 조직의 성장에 따라 필요한 관리자의 수, 관리자의 배출과 영입을 구상해야 한다. 인재를 채용하고 육성해서 성과를 내기까지의 대략적인 그림을 그려보고 그에 따른 가용 예산도 따져 봐야 조직을 성공적으로 이끌 수 있다.

초기에 이런 계획이나 구상이 없이 그저 영업인 수를 늘리는 데만 급급했다가는 지속적으로 발생하는 중도 탈락자들로 인해 영업인의 숫자도 늘지 않고 막대한 손실만 발생할 수 있다. 관리자로서 성공하려면 이러한 사실을 염두에 두고 차분히 계획을 세워야 한다. 계획을 세우지 않는 것은 실패를 계획하는 것이다.

적합한 사람을 리크루팅하라

방문판매 조직에서 영업인들을 선발해서 채용하기란 쉽지 않다. 그렇다고 뚜렷한 기준도 없이 아무나 일하게 하는 것은 문제가 있다. 영업인 채용은 조직의 운명에 중대한 영향을 미친다. 따라서 영업인을 리크루팅할 때는 다음 사항들을 신중히 고려해야 한다.

첫째, 영업인으로 성공하기 위해서는 '적성'에 맞아야 한다. 즉, 영업에 맞는 사람과 맞지 않는 사람이 있다. 영업이 적성에 맞지 않는 사람들은 아무리 모아 봤자 팀 실적이 늘지 않는다.

둘째, 영업인의 훈련에는 한계가 있다. 물론 내부 교육과 코칭으로 일정한 기초 지식을 습득하도록 하는 것은 그리 어렵지 않다. 그러나 그것만으로 영업 능력이 생기는 것은 아니다. 영업 능력은 관리자의 곁을 떠나 한 사람 한 사람의 고객을 상대해 나가는 과정에서 영업인의 경험과 관리자의 관찰에 의한 피드백으로 완성되어 간다.

셋째, 부적격자를 채용했을 때의 경제적 손실은 막대하다. 출근 수당과 샘플 지원, 교육비용 같은 것을 생각했을 때, 적성에 맞지 않는다는 이유로 중도 탈락한다면 회사로서는 큰 손실이 아닐 수 없다.

세계적인 세일즈 컨설팅 회사인 머큐리 인터내셔널의 컨설턴트 존 맥티어가 쓴 『세일즈에서 성공하는 법』에서는 채용 시 고려해야 할 영업인의 성공 요소를 다음과 같이 소개하고 있다.

1. 에너지가 넘치는 사람 : 활발한 활동을 할 수 있는 에너지가 넘치는 사람을 고용하라.

2. 중요한 일에 집중할 수 있는 사람 : 자신의 에너지와 노력을 가치와 성과가 높은 활동에 집중시킬 수 있는 능력이 있어야 한다. 어리석은 사람도 바쁘게 일할 수 있다.

3. 적합한 지식을 갖춘 사람 : 영업인들에게 어떤 지식이 필요하다고 생각하는지 질문해 보면 이에 관한 항목이 얼마나 많은지 아마 놀랄 것이다. 영업인들이 필요하다고 생각하는 지식에는 다음과 같은것이 있다.

- 회사에 관한 지식: 업무 과정과 전략, 기업 문화 등
- 제품과 서비스에 관한 지식: 경쟁 업체의 제품 및 서비스와 차별되고 독특한 것, 특징 있는 것, 고객에게 이익이 될 수 있는 것 등

관리자는 제품과 회사에 관한 지식이 부족하다고 느끼는 영업인을 이끌어 주는 동시에 지식에 대한 그들의 갈증을 자극하여 다음과 같은 지식을 채워 나갈 수 있도록 도와야 한다.

- 고객 : 고객은 누구인가? 고객을 움직이게 하는 것은 무엇인가? 고객의 주된 구매 기준은 무엇인가?
- 시장 : 시장의 동향은 어떠한가? 시장의 기회는 어디에 있는가? 시장에 어떤 영향을 미치는가? 경쟁 업체는 누구인가? 경쟁 업체의 강점과 약점은 무엇인가?

4. 스스로 동기부여 할 줄 아는 사람 : 뛰어난 영업인은 스스로 동기부여를 잘해 나가겠지만, 관리자는 영업인 개개인의 동기 유발 요인이 무엇인지 파악할 책임이 있다.

5. 용기 있는 사람 : 용기 있는 사람을 고용하라는 말이 구태의연한 해결책이 아니냐고 반문할 수도 있다. 그러나 용기 있는 영업인은 좋지 않은 일에도 금방 회복하고, 패배를 깨끗이 인정할 줄 알며, 무엇보다 패배를 통해 교훈을 얻고 앞으로 나아갈 줄 아는 능력을 갖추고 있다. 특히, 새로운 고객을 발굴해야 한다는 점에서 볼 때 영업은 성공보다 실패를 많이 겪어야 하는 몇 안 되는 전문 직업이기 때문이다.

이와 같은 특성을 가진 영업인이야말로 최고의 영업인이 될 가능성이 크다고 할 수 있다. 그러나 현실적으로 채용 전문가가 아닌 이상 이러한 특성들을 다 고려해서 채용하기란 쉽지 않다. 그런 경우에는 최소한 다음과 같은 사항들은 고려해 볼 만하다.

- 외향적인 사람인가?

- 육체적, 정신적, 사회적으로 건강한가?

- 긍정적이고 상식적인 지성이 있는가?

- 근면성, 주도성이 탁월한가?

영업은 보통 사람이라면 누구나 할 수 있는 일이다. 그러나 영업으로 성공하려면 스스로 적극적으로 하려는 의지와 마음가짐은 필수다.

함께 꿈꿀 수 있는 비전을 공유하라

비전을 공유하면 영업인들을 하나로 묶을 수 있다. 비전을 공유하는 것은 영업인들에게 공동체 의식과 목적의식을 심어 주어 도전을 향한 에너지를 불어넣는다. 따라서 영업인들과 비전을 공유하고 그들의 지지를 얻는 것은 관리자에게 매우 중요한 일이다.

기대를 공유하는 것은 영업 관리자와 영업인 모두에게 우리의 업무가 무엇이며, 그것이 왜 중요한지, 그러한 기대들을 충족시키기 위해 무엇을 어떻게 해야 하는지를 명확하게 해 준다. 영업 관리자의 기대는 영업인의 비전이 될 수 있으며, 유능한 관리자라면 영업인들이 비전에 따라 행동하도록 도와야 한다. 그렇다면 유능한 세일즈 조직으로 변화하는 데 비전이 왜 중요한지 살펴보자.

첫째, 효과적인 비전은 오늘과 내일을 연결한다. 비전은 현재의 모순을 극복한 미래의 모습을 상상한 것이다. 따라서 비전이 있는 사람들은 그 비전에 따라 현재에 의미를 부여하고, 현재를 미래의 비전과 관련지어 새로운 에너지를 창출한다.

예를 들어, 매일매일 성과의 압박 속에서 살고 있는 영업인이 있다고 가정해 보자. 그가 단기적인 기대에 근근이 하루를 버티듯 살고 있다면 어떻겠는가. 아마도 그에게 일은 시간이 갈수록 고역이 되고 말 것이다. 그러나 가슴속에 큰 비전을 품고 있다면, 지금의 일이 아무리 고되고 힘들지라도 미래의 더 가치 있고 중요한 일과 관련되어 있음을 깨닫고 더욱 매진할 수 있을 것이다.

마감 압박, 성과 압력, 즉각적인 문제해결에 대한 요구 속에서 대부분의 영업인은 힘겨운 오늘에 갇혀 있기 쉽다. 그러나 꿈과 열망이 있는 영업인들은 이처럼 힘든 오늘의 일상에 의미를 부여한다. 이때 현재의 일은 무의미한 반복과 의무감을 넘어서 보다 가치 있고 의미 있는 일로 바뀐다.

둘째, 비전은 영업인들을 몰입하게 하고 동기를 부여한다. 사람들은 자신의 일에 열정을 가지고 싶어 한다. 그리고 강력한 비전은 열정과 에너지를 끌어낸다. 리더십의 비밀은 이러한 비전의 힘을 어떻게 활용하는가와 관련이 있다. 사람들은 자신이 진심으로 원하는 일을 이루기 위해서 시간과 에너지를 집중한다.

셋째, 비전은 일에 의미를 부여하며, 그 일을 하는 사람에게는 자부심을 느끼게 한다. 반복적인 일을 수행하는 사람들조차 자신의 일 속에 보다 큰 가치와 목적이 있다는 것을 발견하면 자긍심을 느긴다. 훌륭한 비전은 사람들이 하고 있는 일상의 일을 새롭게 규정하고 가치를 부여한다.

넷째, 비전은 최고의 성과를 만드는 원동력이자, 구성원들의 열정과 노력 정도를 평가하는 척도다. 비전은 사람들의 행위에 초점을 제공하고, 선명한 미래의 모습을 제공함으로써 구성원들이 무엇을 어떻게 해야 하는지를 설명해 준다. 예를 들어, 어떤 영업인에게 '고객 서비스에서 최고가 되어야 한다.'는 비전이 있다면 현재에 하지 않는 새로운 방식을 찾아 적용함으로써 비전을 이루려고 노력할 것이다.

그렇다면 어떤 비전을 제시하는 것이 바람직할까? 정답이 정해져 있는 것은 아니지만, 몇 가지 중요한 요소를 함축할 수는 있다. 먼저 관리자는 비전을 만들 때 그 안에 조직과 구성원들이 원하는 미래에 대한 원대한 이상을 포함시켜야 한다. 비전이 미래에 대한 기대를 불러일으킨다면 사람들은 진심으로 동기가 부여될 것이다.

다음으로 비전은 조직 구성원들의 마음을 충분히 사로잡도록 구성원들을 깊이 관여시키고, 그들에게 직접적인 의미를 제공해야 한다. 다시 말해, 리더 개인의 비전이 아니라 구성원 모두가 꿈꾸는 것이어야 한다는 뜻이다. 그들의 관심사와 욕구를 반영하는 진정성이 비전을 살아 꿈틀거리게 할 수 있다.

또한 훌륭한 비전은 현재를 뛰어넘어 미래로 가는 중대한 변화를 촉구해야 한다. 변화는 두렵지만, 그 두려움을 뚫고 갈 수 있는 것은 명확한 비전이 있기 때문이다. 기꺼이 모험과 위험을 감수할 만한 비전이 탄생될 때 탁월함을 성취할 수 있다.

비전의 마력은 사람들의 숨겨진 재능과 잠재력을 발휘하도록 한다는 데 있다. 그것은 우리들 마음속에 있는 잠재력을 일깨우고 미래를 향해 도전하게 만든다. 리더는 자신은 물론 조직을 구원할 수 있는 생생하고 거룩한 비전을 개발하고, 이를 공유하는 일을 그 자신의 첫 번째 책무로 삼아야 한다. 변화의 시기, 조직의 존재 이유, 변화에 참여하는 궁극적인 이유가 불명확하다면, 사람들은 결국 혼돈에 빠지고 말 것이기 때문이다.

많은 조직들이 회사의 비전을 밝히고 사무실 액자 속에 비전을 담아내고 있다. 하지만 정작 이것이 사람들의 마음속에 자리 잡고 있는지는 의심스럽다. 그런 비전은 단순한 환상이며 백일몽에 불과하다.

교육으로 승부하라

영업인을 교육하는 것은 영업 관리자의 기본적인 능력이다. 교육은 다음과 같은 4단계를 포함하는 학습 과정의 일부라 할 수 있다.

- 1단계: 알리는 것
- 2단계: 교육하는 것
- 3단계: 연습하는 것
- 4단계: 습관을 들이는 것

이 4단계의 학습 과정은 매우 자연스러운 과정이라고 할 수 있다. 교육은 영업인의 역량을 발전시켜 성과를 내도록 하기 위함이다. '방판 영업은 누구나 할 수 있다.'는 말이 있다. 특별한 교육이나 훈련, 노력 없이도 할 수 있다는 뜻이다.

그러다 보니 영업인은 자신이 판매할 제품과 최소한의 제품 지식만으로도 족하다고 생각한다. 또한 영업 관리자는 실적을 올리기 위해 영업인에게 목표를 정해 주고 독려하며 동기부여만 하면 된다는 착각을 한다. 영업인을 독려하고 현장에 나가 많이 팔 수 있도록 채찍과 당근만 적절히 사용하면 된다고 생각하는 것이다. 또한 각종 장려 시책이나 인센티브로 손쉽게 실적을 올릴 수 있다는 생각을 아직까지도 하고 있다.

그러나 영업인이라면 상품을 파는 것이 자신의 일이기 때문에 독려를 받는다든가 인센티브나 장려 규정이 부족하더라도 실적을 올려야 한다는 것쯤은 잘 알고 있다. 다만 영업인들이 실적을 올리는 방법, 즉 제품을 잘 판매하는 방법을 알지 못하기 때문에 시간과 노력을 낭비하고, 결국에는 중도 탈락하고 마는 현실에 주목할 필요가 있다.

따라서 선발하고 채용한 영업인에게 실적을 올리게 하며, 성공하는 영업인으로 육성하고자 한다면 독려나 장려만 가지고는 어렵다. 실적을 올리는 방법을 교육하고 훈련해서 숙달되도록 하지 않으면 안 된다.

그렇다면 영업인에게 진정으로 필요한 것은 무엇일까? 무엇을 교육하고 훈련해야 좋은 성과로 이어질까? 영업인 자신은 물론 조직의 목표를 달성하려면 어떻게 해야 할까?

■ 지식

영업인에게는 일과 관련된 지식이 필요하다. 이것을 완전하게 소화해야 진짜 열정이 샘솟는다. 지식은 고객이 영업인을 신뢰하는 원천이 되고, 치열한 경쟁을 극복해 나갈 수 있는 원동력이 된다. 또한 지식은 신념으로 발전하며, 신념은 지속적으로 일할 수 있는 에너지원이 된다. 따라서 지식에 관해서는 다음과 같은 요소들을 철저하게 교육해야 한다.

- 회사의 사업
- 회사의 연혁
- 제품의 필요성
- 제품 구매자의 발굴
- 판매 기술
- 판매 계획 및 관리
- 제품 구조
- 사후 관리

■ 태도

영업인의 태도가 영업 성과에 영향을 미친다는 것은 이 분야의 연구자들을 통해 이미 학문적으로도 입증되었다. 태도는 크게 내적 태도와 외적 태도로 나눌 수 있다.

외적 태도 : 영업인은 누구를 만나든지 친절하고 밝은 인상을 줄 수 있는 외적 태도를 지녀야 한다. 또한 그 어떤 경우든 고객은 왕이라는 마음가짐으로 친절하고 공손한 태도를 유지해야 한다. 반면에 지나치게 공손하거나 고객의 요구대로 끌려다니거나 융통성이 없이 강직하기만 해도 영업 활동에 활기가 없어지거나 좋은 실적을 기대하기 어려워질 수 있다. 따라서 영업 활동을 성공적으로 이끌어가기 위해서는 굳은 내적 신념과 함께 좋은 외적 이미지가 필수라 할 수 있다.

내적 태도 : 내적 태도란 바로 정신적인 태도로서 영업인들에게 가장 중요한 것이다. 영업인들을 방해하는 가장 큰 요인 중의 하나가 바로 비굴함이다. 대개 전문 세일즈 분야에서는 '상호 반응의 원칙'이라고 해서 영업인의 태도에 따라 고객의 구매 심리가 좌우된다고 본다. 따라서 영업인은 항상 자신 있는 태도를 갖추고 있어야 한다. 영업인이 다음과 같은 자부심과 신념을 가질 수 있도록 영업 관리자는 교육을 게을리하지 말아야 한다.

- 자신을 하나의 독립된 기업으로 바라볼 수 있는 야망과 열정(이는 곧 자신의 능력에 따라 얼마든지 소득을 올릴 수 있으며 기업 발전에 기여할 수 있다는 신념을 말한다.)
- 취급하고 있는 상품에 대한 애착과 애정
- 소속 기업의 가치와 이념에 대한 수용

- 고객에 대한 감사와 존경

- 하고 있는 일에 대한 보람과 사회적 기여

- 기존 고객에 대한 지속적 관리

자부심과 신념으로 무장할 때에야 비로소 영업인은 강한 의욕이 생기며, 고객의 마음을 움직이는 힘을 발휘할 수 있다. 이것을 학문적으로는 조직 몰입, 역할 지각 등의 개념으로 정의하는데, 이 분야를 연구하는 많은 학자들 사이에서는 이미 영업인의 성과와 직무 만족, 이직 등에 결정적인 영향을 미치는 요소로 밝혀져 있다.

■ 스킬

영업인에게 새로운 지식을 가르치고 동기를 부여하는 일은 교육·훈련의 가장 기초적인 단계에 속한다. 지식을 효과적으로 활용하도록 하기 위해서는 그것을 실행으로 옮기는 것이 중요하며, 꾸준한 실행으로 그 일에 숙달되도록 지속적인 훈련이 필요하다. 스킬 훈련에는 다음과 같은 것들이 요구된다.

- 가망 고객의 발견

- 판매 기술

- 판매 도구와 장비의 활용

- 제품의 사용 및 수리

- 판매 활동 계획 수립

이상은 영업인이 초기에 습득해야 할 중요한 기술이며, 교육 · 훈련에서 지표로 삼아야 할 것들이다.

■ 습관

처음에는 사람이 습관을 만들지만, 나중에는 습관이 사람을 만든다는 말이 있다. 영업인이 자신의 능력과 열정만으로 성과를 내는 데는 한계가 있다. 제품의 지식과 영업 기술을 살려서 효과적으로 일하기 위해서는 다음과 같은 습관을 정착시켜야 한다.

- 가망 고객의 지속적인 발굴
- 새로운 방문처의 꾸준한 개발
- 판매 계획과 방문 계획의 규칙적 수립
- 규칙적인 활동 기록

영업 관리자는 영업인들이 이와 같은 사항들을 매일 반복하며 습관을 들일 수 있도록 교육과 코칭을 생활화해야 한다.

세일즈, 심리학에서 답을 찾다

초판1쇄 인쇄 | 2015년 2월 10일
초판2쇄 발행 | 2015년 8월 10일

지은이 | 김상범 · 오정환
펴낸이 | 김진성
펴낸곳 | 호이테북스

편집 | 김선우
표지 디자인 | 장재승
내지 디자인 | 안성희
관리 | 정보해

출판등록 | 2005년 2월21일 제313-2005-000034호
주소 | 서울시 강서구 화곡동 46-392 밀레니엄 401호
전화 | 02-323-4421
팩스 | 02-323-7753
이메일 | kjs9653@hotmail.com

ⓒ 김상범 · 오정환, 2015
값 14,500원
ISBN 978-89-93132-34-2 13320